# L'Université

et

Madame de Maintenon

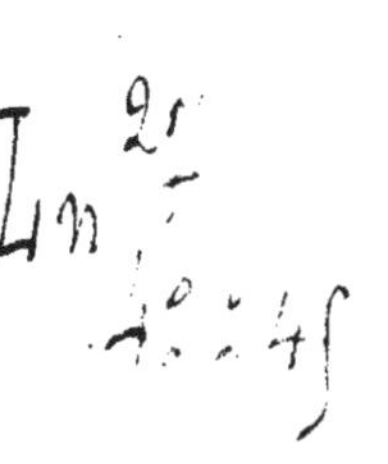

CAMILLE SÉE

# L'Université et Madame de Maintenon

PARIS
LIBRAIRIE LÉOPOLD CERF
13, RUE DE MÉDICIS, 13

1894

AUX

MÈRES DE FAMILLE

AU

PERSONNEL DIRIGEANT ET ENSEIGNANT

DES LYCÉES DE JEUNES FILLES

*Nous dédions ce Livre*

# SOMMAIRE

La reconstitution de l'armée et la réorganisation de l'instruction publique sont l'objet de la préoccupation constante de la Nation et des Chambres depuis 1870 ; — les sacrifices faits pour l'armée ne sont pas nouveaux ; — Montesquieu ; — l'armée pourvue désormais de tous les moyens de résistance et d'action ; — les résultats pour l'instruction publique n'ont pas répondu aux efforts qu'elle a provoqués : il en est ainsi notamment de l'enseignement secondaire des jeunes filles.

Les Chambres ont voulu rendre la femme maîtresse de sa conscience et de ses aptitudes et réformer un état d'âme factice en contradiction avec le rôle qu'elle doit désormais jouer ; — en énumérant les difficultés suscitées à l'exécution de la loi par un certain nombre d'universitaires, nous ne mettons pas en cause l'Université qui n'est pas responsable des fautes de ses « dirigeants » ; — raisons qui nous ont fait prendre en patience les procédés dont l'enseignement secondaire des jeunes filles a été l'objet.

Un livre introduit dans nos lycées nous enlève toute illusion ; — importance du choix des livres ; — leur action sur les élèves ; — un point d'interrogation à ce sujet : ce que vient faire dans nos lycées l'œuvre pédagogique de Mme de Maintenon ; — les titres de Mme de Maintenon à notre admiration ; — un paradoxe funeste ; — ce qu'il fallait établir avant de laisser franchir à Mme de Maintenon le seuil de nos lycées ; — réflexions qu'elle doit faire naître chez les jeunes filles ; — la loi sur l'enseignement secondaire des jeunes filles offensée et contredite dans son esprit par ceux qui offrent Mme de Maintenon à l'admiration de nos jeunes filles ; — un discours de M. Lavisse ; — son témoignage appuyé par d'autres maîtres et par des mères de famille, soucieuses de la moralité de leurs filles et de la droiture de leur raison ; — une dédicace, expression discrète de notre gratitude.

***

Ce qu'a voulu le législateur en votant la loi sur l'enseignement secondaire des jeunes filles ; — ce qu'a fait l'Université de cette loi ; — ses défiances pour tout ce qui est nouveau ; — elle n'a provoqué aucune des améliorations introduites dans ses méthodes et sa discipline, aucune des grandes lois qui ont réorganisé l'instruction publique ; — son inclination à se renfermer dans ses habitudes rend vaines les réformes. — Elle met tout en œuvre pour énerver la loi du 21 décembre 1880 pendant son élaboration, et, sous prétexte de l'appliquer, pour la charger d'entraves et la dénaturer ; — son attitude dans la question de l'internat ; — elle ne veut pas plus d'internat que d'externat de jeunes filles, n'admettant pour elles que des cours ; — ce système, défendu devant les Chambres, réalisé en partie, au mépris de la loi, au Conseil supérieur en 1881, appliqué aujourd'hui sous une forme nouvelle, en opposition avec l'œuvre du Conseil supérieur elle-même, au lycée Fénelon, à Paris, et demandé au lycée Lamartine ; — efforts tendant à réduire la loi à un enseignement de luxe pour les « classes élevées » et à achever la désorganisation de l'œuvre du législateur qui a voulu faire à la fois une loi d'instruction et une loi d'éducation.

Moyens mis en œuvre dès le début pour fausser l'esprit de la loi en imposant pour guides à nos jeunes filles certains personnages du XVII^e siècle et en particulier M^me de Maintenon ; — la veuve Scarron travestie, depuis le vote de la loi, pour les besoins d'une cause ; — on lui fait une place dans la littérature du XVII^e siècle ; — on crée la légende de Saint-Cyr et de M^me de Maintenon que l'on offre comme modèle d'éducatrice contemporaine ; — on refait l'histoire en contestant des faits reconnus vrais dans des ouvrages revêtus il y a quelques années de l'approbation de l'archevêque de Paris et du Pape.

M^me de Maintenon dans nos lycées : *Extraits* avec préface apologétique ; — analyse de l'un de ces livres : M^me de Maintenon modèle de droiture ; de modestie ; de désintéressement ; femme aux sentiments généreux, absorbée par Saint-Cyr modèle d'éducation élevée et libérale ; étrangère aux affaires de l'Etat ; aux affaires religieuses dans lesquelles elle n'intervient que lorsqu'elle est obligée d'élever la voix au nom de la justice, de la tolérance, du patriotisme ou de l'humanité ; — cette thèse contredite par les mémoires du temps et par les propres écrits de Mme de Maintenon ; — ces écrits déclarés apocryphes ; — ce qu'il faut penser de ces assertions ; — un recueil fait sur des originaux ou des copies authentiques.

Mme de Maintenon d'après des documents indéniables :

*Droiture et modestie de Mme de Maintenon :* Le jugement de Voltaire, — elle tente de supplanter Mme de Montespan, sa bienfaitrice ; — moyens qu'elle emploie ; — ce qu'elle nous dit de sa modestie ; — ce qu'en dit Fénelon ; — un pastel de Mme de Maintenon fait par elle-même.

*Désintéressement de Mme de Maintenon :* Ce désintéressement dont elle se vante contredit par les concessions, les privilèges, l'argent soutirés à Fouquet, à Colbert, au Roi et employés à l'achat de terres ; — elle annonce les persécutions des protestants à son frère et l'engage à acheter les terres qu'ils vont être obligés de vendre à vil prix ; — en quête pour son frère d'un mariage avec une « vieille » consentant à assurer son bien à son mari.

*Qualités de cœur de Mme de Maintenon :* Lettres à son frère ; — enlève par la ruse et la violence ses jeunes parentes qu'elle contraint d'abjurer ; — sentiments qu'elle témoigne à sa belle-sœur ; — fait expulser de Saint-Cyr et reléguer dans un couvent Mme de Brinon ; — provoque la disgrâce de Louvois dont elle est l'obligée ; — témoigne les sentiments les moins bienveillants à Fénelon, à Racine, aux amis qui ont favorisé ses débuts ; — son ingratitude envers le Roi qu'elle abandonne lorsqu'elle le voit mourant ; — sa façon d'agir envers le cardinal de Noailles lorsqu'il a cessé de plaire ; — Mme de Maintenon jugée par elle-même ; — Mme de Maintenon médisante.

*Saint-Cyr, modèle d'éducation élevée et libérale : Mea culpa* ; — Saint-Cyr créé en 1686 pour les *Nouvelles Catholiques* ; — le règlement de 1686 : on contraint, dès cette époque, les jeunes filles à être religieuses ; —

les jeunes filles entourées de missionnaires, de confesseurs ordinaires et extraordinaires ; — aveu de Mme de Maintenon ; — les jeunes filles doivent être mortes au monde ; — le programme de cette période : à quoi il se réduisait ; — le programme de « l'Éducation des filles » de Fénelon n'a jamais été appliqué à Saint-Cyr ; — en quoi consiste le programme d'économie domestique de Mme de Maintenon ; — pourquoi elle ne veut pas qu'on enseigne l'histoire grecque ou romaine; — les ouvrages que recommande Mme de Maintenon ; — ce qu'elle pense de la lecture ; — comment elle veut qu'on enseigne l'histoire : le livre de l'abbé Le Ragois ; — comment elle entend l'enseignement de la géographie ; — ce qu'elle a emprunté au programme de Fénelon : l'idéal de Mme de Maintenon ; — Saint-Cyr en 1692 : le rêve de Mme de Maintenon réalisé malgré Louis XIV ; — elle ne veut pas « d'espiègles de couvent » ; — les amitiés interdites ; — moyens qu'elle emploie pour les empêcher de naître ; — les jeunes filles « gardées à vue » ; — l'espionnage mutuel ; — moyens employés pour empêcher un père de « jeter du poison dans le cœur de sa fille » ; — parallèle entre le mariage et le couvent ; — reproche aux jeunes filles de ne pas mettre d'empressement à embrasser la vie religieuse; — demande qu'on multiplie les grilles et les clôtures, que les jeunes filles « s'ensevelissent vivantes », qu'elles soient « anéanties dans une mort civile », mortes « à ce qu'elles ont voulu quitter », sous la direction de leur « supérieure spirituelle », Mme de Maintenon, « choisie par Dieu pour les conduire » ; — les collaboratrices de Mme de Maintenon (communauté et noviciat) ; — Saint-Cyr sous son véritable aspect.

*Mme de Maintenon étrangère aux affaires de l'État :* cette assertion contredite par les historiens, par les personnes qui ont vécu à la Cour, par Mlle d'Aumale, secrétaire de Mme de Maintenon, par Mme de Maintenon elle-même ; — effets désastreux de cette intervention ; — écarte tous ceux qui ne sont pas dévots, provoque la nomination de généraux et de ministres incapables ; — sa part dans les désastres de la fin du règne de Louis XIV ; — affaire de la succession d'Espagne ; — Mme de Maintenon et la princesse des Ursins ; — deux portraits de Mme de Maintenon.

*Mme de Maintenon étrangère aux affaires religieuses* : Mme de Maintenon et l'abbé Gobelin ; — introduite à la Cour pour servir les desseins qu'on a sur le Roi ; — sa réserve à ce moment; — soins que l'on met à faire disparaître les lettres de cette époque ; — phrases clairsemées, mais significatives, qui attestent la part prise par Mme de Maintenon à la *Révocation ;* — cadeaux du « Saint-Père » ; — Mme de Maintenon prend la direction de « la grande affaire » ; — la *Révocation* et le mariage ; — Mme de Maintenon persona grata à Rome ; — le Pape lui accorde des grâces particulières; lui recommande son envoyé ; lui demande de défendre les intérêts du « Saint-Siège » ; lui accorde l'autorisation d'entrer dans tous les monastères de France ; — Mme de Maintenon toute-puissante ; — « *son* » archevêque ; — elle lui livre tous les secrets d'État, jusqu'aux confidences du Roi pour lesquelles il demande le secret le plus absolu ; — elle n'admet pas que l'archevêque s'entretienne ou travaille directement avec le Roi ; — elle rappelle à l'archevêque qu'il lui doit tout et qu'il doit la seconder dans la place « où Dieu l'a mise » ; — l'archevêque de Paris accusé de jansénisme par le confesseur de Mme de Maintenon ; — elle entend être la grande Directrice du monde religieux, exercer l'autorité temporelle et spirituelle ;

— un document passé sous silence qui prouve le rôle capital joué par Mme de Maintenon dans la révocation de l'Édit de Nantes et son maintien rigoureux; — un mot de Frédéric II à l'ambassadeur de Louis XV ; — l'édit de 1698.

Ce qu'il faut penser de cette apologie audacieuse de Mme de Maintenon ; — on n'eut osé faire semblable tentative ni à la mort de Louis XIV, ni sous Louis XV, ni sous Louis XVI ; — impossibilité de confondre notre société et celle de l'ancien régime ; — impossibilité d'adapter les maximes, les programmes de Mme de Maintenon à nos lycées; — parallèle entre Saint-Cyr et nos lycées; — ce que pensent de Mme de Maintenon M. Vapereau, M. Pergameni; — Mme de Maintenon et l'histoire: aujourd'hui et autrefois ; — livres d'histoire que l'on met aujourd'hui entre les mains des élèves ; — on tait le nom de Mme de Maintenon lorsque l'on parle de la révocation de l'Édit de Nantes ; — cet acte présenté comme unanimement réclamé par les hommes d'État ; — on passe sous silence la protestation du Grand Dauphin ; — rôle que doit jouer l'histoire sous peine d'être un enseignement dangereux ; — les livres dont se servaient autrefois les élèves ; — l'histoire de M. Duruy, le *programme d'histoire* de M. F. Royé ; la vérité respectée ; — Mme de Maintenon et la littérature : autrefois et aujourd'hui ; — les ouvrages de littérature, autrefois, ne parlaient pas de Mme de Maintenon ; — elle a pris place aujourd'hui dans la littérature ; — ses *Extraits* deviennent ouvrage de chevet ; — bien qu'elle n'ait jamais figuré sur la liste des auteurs désignés par le Conseil supérieur, Mme de Maintenon a été introduite dans certains lycées ; elle a été inscrite de même parmi les auteurs de l'*agrégation* ; elle s'est installée en maîtresse parmi les auteurs du *certificat* ; — ce qu'il faut penser de ce mouvement d'opinions que l'on provoque en faveur de Mme de Maintenon.

Ces tendances réprouvées « mais excusées » par des personnes conciliantes : circonstances atténuantes ; — ce que l'on fait est contraire à l'esprit de la loi et de nature à entraver son succès ; — valeur de notre enseignement ; — valeur de notre personnel dirigeant et enseignant ; — distributions solennelles des prix ; — associations amicales des anciennes élèves.

Ce qu'ont voulu les Chambres et ce qu'on devrait inscrire au frontispice de nos lycées.

# PRÉFACE

Parmi les questions les plus inquiétantes qui s'imposaient d'urgence à son attention au lendemain de 1870, la France dut placer au premier rang la reconstitution de ses forces militaires si cruellement éprouvées et la restitution de l'autorité intellectuelle et morale qui lui appartient. A aucun moment les Chambres, d'accord avec la Nation, ne les ont perdues de vue. Avec un zèle infatigable, à travers toutes les querelles de parti, elles ont voulu nous préserver d'une nouvelle invasion.

En même temps elles se sont préoccupées de réorganiser l'instruction publique et de lui donner une direction plus conforme aux institutions qui ont si profondément modifié les assises et les relations de notre société.

Quelle que fût la gravité des sacrifices exigés par ce double effort, les Chambres ne les ont pas marchandés.

Elles ont pensé sans doute que si, dans d'autres temps, Montesquieu s'était montré surpris d'une émulation qu'il qualifiait de « maladie »[1], son

1. Les observations de Montesquieu attestent qu'elle ne date pas d'hier ; et c'est à titre de document historique peu connu que nous les reproduisons : « Une maladie nouvelle » s'est répandue en Europe : elle a saisi nos » princes et leur fait entretenir un nombre » désordonné de troupes. Elle a ses redou» blements et elle devient nécessairement » contagieuse ; car sitôt qu'un État augmente

jugement aurait été tout autre, s'il eût été présent à l'heure néfaste qui venait de sonner pour nous.

De l'aveu des juges les plus sûrs, — et nous savons où les voir, — notre armée est désormais pourvue de tous les moyens de résistance et d'action que pouvait souhaiter notre patriotisme ; et de ce côté du moins nous nous n'aurions pas perdu notre peine.

En est-il de même de notre enseignement public ?

» ce qu'il appelle ses troupes, les autres soudain augmentent les leurs ; de façon qu'on ne gagne rien par là que la ruine commune... et on nomme paix cet état d'efforts de tous contre tous... Aussi l'Europe est-elle si ruinée que les particuliers qui seraient dans la situation où sont les trois puissances de cette partie du monde les plus opulentes n'auraient pas de quoi vivre... » *Esprit des lois*, livre XIII, chap. XVII.

A cet égard nous avons des doutes qu'un très grand nombre d'entre nous partagent, et que nous avons jugé nécessaire d'exposer. Notre critique d'ailleurs ne s'est pas hasardée dans les parties de l'instruction publique qui ne lui sont pas familières ; mais l'enseignement secondaire des jeunes filles est, depuis de longues années, l'objet de notre constant souci et, dans ce domaine particulier, nous étions autorisé à prendre la parole.

Nous avons donc rappelé, et nous rappellerons ici même, qu'en créant le nouvel enseignement les Chambres s'étaient proposé un but nettement défini. Elles avaient très sagement pensé qu'elles feraient une œuvre plus que vaine, anti-sociale, si en ouvrant plus libéralement, à nos fils, le domaine de la science, elles ne reconnaissaient pas la nécessité parallèle d'en finir avec un système qui, pour nos filles, atténuait, jusqu'à l'obscurcir, la vérité et la lumière, et les faisait vivre au milieu de nous, comme des femmes d'un autre âge étrangères à nos pensées, à nos préoccupations les plus intimes, à nos ambitions les plus légitimes. Si notre égoïsme et notre vanité avaient jadis trouvé leur compte à une éducation toute vêtue de fables ou d'élégances mondaines, l'intérêt public et notre propre intérêt ne nous conseillaient-ils pas, aujourd'hui, d'apprendre à nos filles que nous étions destinés, elles et nous, à vivre en société des mêmes sentiments et de la même lumière? Pouvions-nous, honnêtement, nous contenter d'une soumission faite d'ignorance et d'humilité;

devions-nous admettre sans inquiétude que le *Passé* perpétuât, par ses leçons invariables, des malentendus et des divisions dont les effets ne nous étaient que trop connus ?

La loi du 21 décembre 1880 est là pour nous dire en quel sens les Chambres se sont prononcé. En ouvrant à la femme de nouveaux horizons, le législateur a entendu la rendre plus sûrement maîtresse de sa conscience et de sa sensibilité ; il a entendu la rendre à même de vérifier et de diriger ses aptitudes ; il a voulu qu'elle apprît à connaître la science autrement que par ouï dire, et les événements dont nous poursuivons l'accomplissement par d'autres récits que ceux inventés *à l'usage du Dauphin*. En un mot, la loi a jugé nécessaire de réformer cet état d'âme factice dont le XVII$^{e}$ et le XVIII$^{e}$ siècles, pour ne parler que de ceux-là, se sont accommodés à leurs risques[1]; mais en contradiction absolue avec les obligations et les responsabilités dont les femmes doivent, à l'avenir, prendre leur part dans notre pays.

Nous avons sommairement énuméré les difficultés suscitées à la complète exécution de la loi par un certain nombre de membres de l'Université. Notre respect et notre gratitude pour ce grand corps sont assez anciens et

1. Lire tous nos historiens sans exception. Voir les mœurs de Louis XIV, voir la Régence et voir Louis XV. La condition de la femme à toutes ces dates font pitié; et s'il fallait en croire certains témoignages, le même désordre se serait montré à tous les étages; mais il nous est interdit d'insister...

assez profonds pour que nous ayons songé à le mettre en cause. Si donc, en tel endroit, quelque amertume s'est mêlée à nos doléances, nous nous empressons de l'effacer ; le parti pris de quelques-uns est un accident auquel nous aurions tort de nous arrêter. Nous ne saurions, au reste, oublier que si parfois l'Université, en tant que corps, s'est entêtée dans ses habitudes, la faute en est moins à elle qu'à ses « dirigeants ». Elle a dû se prêter à un si grand nombre d'expériences qu'elle est en droit de ne pas croire à la vertu des réformes. Elle se défierait moins des nouveautés, si elle pouvait croire à la continuité des intentions.

Ce sont ces considérations qui nous avaient aidé à prendre en patience les procédés bizarres dont l'Enseignement secondaire des jeunes filles a été l'objet. Il pouvait se faire, après tout, que ce fût sans intention, qu'on discréditât une entreprise, laborieuse entre toutes et qualifiée, elle aussi, en maint endroit, de « scélérate ». Mais cette illusion devait disparaître devant un fait qui fût pour nous, et pour beaucoup d'autres, une révélation.

Il ne s'agissait plus des *cours*, de cet enseignement qui n'est qu'un trompe-l'œil, un reflet pâle et confus de la pensée des Chambres qui ont créé l'enseignement secondaire des jeunes filles; il s'agissait de l'introduction dans les lycées de jeunes filles d'un livre où se montre à la fois le talent d'un écrivain consommé et les inclinations aussi ingénieuses que patientes du politique qui n'en est plus à faire ses preuves.

Le caractère profond de tout enseignement est, on le sait, rendu plus particulièrement sensible par le choix des livres dont les élèves sont invités à se servir. En plus d'un cas, le maître et le livre ne font qu'un, et c'est de cet accord que naît pour l'élève la certitude. Le livre possède même sur le maître cet avantage qu'il est toujours présent, et si la parole du maître a l'accent et la chaleur qui persuadent, le livre conserve ses affirmations invariables, qui sont un secours permanent pour la mémoire et assurent aux impressions leur fixité[1].

1. On peut se reporter, à cet égard, aux pratiques de l'ancienne Université de Paris et aux usages actuels de certaines institutions privées, chez lesquelles un même livre gouverne tout l'enseignement.

L'action du livre étant ainsi prouvée et la loi ayant parlé, nous étions fondé à nous demander ce que pouvait faire dans nos lycées l'œuvre pédagogique de Mme de Maintenon. Etait-elle appelée à compléter la liste de nos orateurs, de nos historiens ou encore de nos moralistes ? L'aisance naturelle mais sans trait de son style devait-elle nous faire oublier l'esprit, la grâce de Mme de Sévigné qui fut, de plus, une amie fidèle, une mère exquise ? Mais si les titres de Mme de Maintenon, à notre admiration, n'étaient pas là, ou étaient-ils ? On nous les montra, sans plus hésiter, dans sa haute raison, dans ses principes d'éducation, dans cette discipline qu'elle institua à Saint-Cyr et dont nous avons indiqué, sur son propre témoignage, le but et les déplorables conséquences. Plus d'une personne que nous avons entendue parut surprise de ce paradoxe.

C'en est un, en effet, et de tous le plus funeste en matière d'éducation, que d'emprunter, à l'aide d'une sélection préméditée, des règles de conduite à une femme dont la vie a été condamnée par ses contemporains les mieux renseignés et les plus illustres. Incontestablement extraordinaire par la force et la continuité de ses ambitions, Mme de Maintenon demeure, qu'on le veuille ou non, plus que suspecte dans sa vertu; l'on a eu le tort de le méconnaître. Nous n'avons jamais douté qu'elle sût voir et prévoir, dans les limites de ses intérêts; mais avant de lui laisser passer le seuil de nos lycées, peut-être fallait-il établir d'abord qu'une jalousie aussi rare du reste dans sa constance que dans son essor ne détruisît pas en elle toute trace de désintéressement, de reconnaissance et de pitié. L'unique considération qui pouvait excuser la vie de M^me de Maintenon nous voulons dire : le malheur, lui a manqué. Fille de Constant d'Aubigné, épouse de l'auteur du *Roman comique,* elle est morte Reine ; nous regrettons pour sa mémoire les éloges dont on la poursuit.

On n'a pas considéré avec des scrupules suffisants les réflexions que devait faire naître chez les jeunes filles de nos lycées le rapprochement de cette femme vantée sans mesure, tout occupée, nous disait-on, de ses devoirs d'institutrice, de cette autre femme dont l'histoire, soucieuse du vrai, nous a dénoncé les intrigues, l'égoïsme persévérant et les inspirations néfastes.

Enfin s'est-on souvenu de la loi du 21 décembre 1880, ou l'a-t-on oubliée, intentionnellement ou par mégarde, quand on a donné à M$^{me}$ de Maintenon entrée dans nos lycées? Est-il possible d'offenser cette loi plus cruellement, de la contredire d'une manière plus formelle dans son esprit que d'offrir à l'admiration de tous ce génie opiniâtre, étranger et hostile, entre tous, aux convictions les plus expresses de notre temps.

Cette dernière considération à laquelle nous croyons devoir nous arrêter, nous reporte à un discours récent de M. Lavisse, membre de l'Académie française et professeur d'histoire à la Sorbonne, aussi hautement estimé par la probité de ses jugements que par son talent d'écrivain et son patriotisme. « Si jeune qu'elle soit, » disait il y a quelque temps M. Lavisse[1], l'Ecole Monge a ses traditions. Elle a été créée avec des intentions précises et la volonté d'accomplir une certaine œuvre. Ses fondateurs pensèrent que l'éducation publique ne doit pas obéir à des règles immuables ; que si elle demeure après quelque grande crise nationale ce qu'elle était avant, si elle oublie l'évolution tantôt lente, tantôt rapide, — si rapide aujourd'hui — où la Société est entraînée, elle élève des hommes pour un temps qui n'est plus. Les conséquences de

1. Octobre 1893.

» cette erreur sont graves. Une édu-
» cation qui se trompe de date verse
» dans la vie des étrangers qui l'igno-
» rent. »

Cette vérité si fortement exprimée, également démonstrative pour nos élèves des deux sexes, est celle-là même que nous avons défendue et nous demandons après M. Lavisse : Comment se dirigeraient dans notre présent des jeunes hommes ou des jeunes femmes élevés pour le règne de Louis XIV ou même le règne de Louis-Philippe.

Ce témoignage loyal n'est pas d'ailleurs une voix isolée. D'autres maîtres ont parlé que nous avons entendus et avec eux des mères de famille soucieuses, par dessus tout, de la moralité de leur fille et de la droiture de leur raison. C'est pour répondre à ces adhésions et à des incitations répetées que nous avons réuni en un volume les articles que nous avons publiés dans la Revue de *l'Enseignement secondaire des jeunes filles*. L'accueil favorable fait à notre effort justifiera une dédicace qui n'est que l'expression discrète de notre gratitude.

Décembre 1893.

# L'UNIVERSITÉ

ET

# MADAME DE MAINTENON

---

Lorsque le législateur votait la loi sur l'enseignement secondaire des jeunes filles, il obéissait à la préoccupation d'élever le niveau intellectuel de la femme et de l'associer à l'œuvre de relèvement, qui est depuis vingt-deux ans la pensée dominante de nos Assemblées. Il s'agissait d'abjurer nos anciens mépris et notre égoïsme, en ouvrant à l'éducation des femmes françaises l'accès du vrai dans les sciences et dans les lettres ; d'associer les femmes plus intimement à nos œuvres et de les hausser en y ajoutant leur propre effort.

Quoi qu'on en ait dit et quoi qu'on dise, le législateur n'était pas hanté par la vision de la « femme savante », mais il se persuadait que le plus sûr moyen de fixer la destinée d'une société encore mal assurée dans ses voies, était de faire connaître à nos filles, en toute sincérité et avec toutes les précautions du respect, notre passé, notre présent, les devoirs qu'elles ont à remplir envers la famille, envers elles-mêmes, les conditions de leur dignité, notre but commun en un mot, qui est notre honneur commun.

L'intention profonde et expresse

des Chambres ne saurait donc être douteuse. Elles voulaient créer, par la loi du 21 décembre 1880, un enseignement élevé et pratique, « régulier, progressif, donné par des professeurs qui suivraient une éducation depuis son commencement jusqu'à sa fin [1] », un régime ne comportant ni préférence, ni exclusion pour aucun culte, aucune distinction empruntée à la condition des personnes, s'adressant à toutes les familles quelqu'éloignées qu'elles fussent du siège du lycée, et dans ce but, affirmant sans équivoque la convenance de l'internat.

Mais, il faut avoir suivi avec assiduité l'exécution d'une loi, et surtout d'une loi d'enseignement, pour savoir

1. Rapport à la Chambre des Députés.

à quelles étranges surprises on est alors exposé, et cela par les motifs les plus inattendus.

Conformément à ce qui paraissait être la raison, ce furent les fonctionnaires de l'ancienne Université, chargés de l'instruction publique depuis quarante ans, qui reçurent mandat d'appliquer la loi du 21 décembre 1880. Or, l'événement a démontré que ces fonctionnaires, dont l'honorabilité pas plus que le savoir ne sauraient être contestés, étaient les moins qualifiés pour organiser les lycées de jeunes filles et assurer leur développement.

A travers tous les accidents qu'elle a subis, à travers les transformations auxquelles elle a dû se résigner, l'Université a, en effet, conservé une large part des défiances, des précautions et des timidités dont son fondateur lui avait fait une obligation. La tradition impériale et royale est toujours vivante; toute réforme est donc une inquiétude, et, quand il s'agit de sortir de l'ancien cadre, les successeurs les plus illustres de M. de Fontanes[1] prennent peur et de ce qui devait être une nouveauté féconde, ils font ingénûment une institution insignifiante qu'aucun trait ne distinguera plus des choses vieillies. MM. Victor Duruy, Jules Simon, et ceux de leurs prédécesseurs ou de leurs successeurs qui

1. Fontanes, dont l'Empereur fit un comte et dont Louis XVIII fit un marquis, avait pour collaborateurs : Villaret, évêque de Cazal ; de Bausset, évêque d'Alais ; Emery, supérieur général de Saint-Sulpice ; l'abbé Desrenaudes, de Bonald, etc.

ont tenté quelque voie nouvelle, nous renseigneraient au besoin sur les résultats de leurs entreprises. Pour ne parler que de notre plus récent essai, nous pourrons nous informer avant qu'il soit longtemps, des déformations qu'a subies *l'enseignement secondaire moderne*.

Cependant il serait infiniment désirable, si douloureux qu'il puisse être de s'amender soi-même, il serait d'un intérêt décisif pour notre pays que l'Université consentît à accepter la règle qui s'impose à tous les services publics et à ne pas substituer ses interprétations, ses accommodements, ses ménagements aux volontés de la loi.

Autant que personne nous estimons les services que nous a rendus l'Université. Mais quel plus inestimable service ne nous rendrait-elle pas en consentant à vérifier si elle ne joint pas quelques préventions à ses mérites, et même un peu de cette complaisance pour soi-même qui naît si naturellement de la grande considération dont on jouit.

Enfin l'Université voudra-t-elle considérer un fait digne de toute son attention, c'est qu'aucune des améliorations introduites dans ses méthodes et sa discipline, aucune des grandes lois qui ont réorganisé l'instruction publique, dans le domaine de l'enseignement supérieur, secondaire et primaire, n'ont été provoquées par elle, son inclination constante étant de se renfermer dans ses habitudes d'une variété si obstinée de *non possumus* douées au surplus d'une telle puissance qu'elles rendent vaines les lois, les règlements, les circulaires.

N'est-il pas regrettable, par exemple, que les desseins les plus catégoriques du législateur de 1880 aient été éludés, de telle sorte que nous nous trouvions aujourd'hui non seulement embarrassés de pratiques que la loi n'a pas prescrites, mais encore en présence d'une conception entièrement opposée à celle qui avait déterminé les votes des Chambres.

Il y a treize ans, et sans qu'il puisse y avoir à cet égard aucun doute, les Chambres se sont proposé de donner du jour à l'éducation des femmes, de rompre avec le système inique et meurtrier qui confinait dans la fable celles qui devaient être les associées de notre vie, qui sciemment faisait d'elles des créatures toujours mal renseignées, limitées dans leur autorité et inévitablement dépendantes. Or, où en sommes-nous de cette conception ? Sommes-nous en train d'édifier de nouvelles clôtures ou de prêter à l'intelligence des jeunes filles cette lumière sereine et désintéressée qui évite les méprises funestes, affermit la raison et assure à la famille de nouvelles ressources, et, dans tous les sens, un surcroît de sécurité ? Il suffit d'observer l'orientation donnée aux lycées de jeunes filles pour constater un écart surprenant entre ce que la loi a voulu et les résultats que l'on poursuit.

Rappelons la vivacité et l'obstination des attaques dirigées contre l'internat, au cours de la discussion de la loi. Ce ne fut pas sans un réel labeur, et sans plus d'une résistance que ce pas fut franchi, sans qu'on dût s'étonner d'ailleurs ni de la diversité des accusations dirigées à cet égard contre la loi ni de leur âpreté. La passion politique et la passion religieuse se réunirent dans un même effort; et si le régime de l'internat fut enfin adopté, on l'entoura de restrictions qui l'auraient rendu illusoire sans le zèle que mit au service de la loi et de la pensée qui l'avait inspirée le personnel de la *direction de l'enseignement secondaire* du Ministère de l'Instruction publique.

Après la loi votée, ses adversaires continuèrent à s'en prendre à l'internat et dans leur emportement accoutumé, ils n'épargnèrent pas le directeur de l'enseignement secondaire, l'honorable M. Ch. Zévort, qui loyalement se croyait tenu de faire son devoir.

On aurait dit qu'il s'agissait d'enlever comme jadis à leurs familles des jeunes filles pour les placer, en violentant leur conscience, dans des couvents créés à leur intention, ou encore à Saint-Cyr.

Il n'était venu cependant à la pensée de personne d'imposer à qui que ce soit l'enseignement nouveau. Les parents étaient entièrement libres de nous envoyer ou de ne pas nous envoyer leurs enfants. Le but poursuivi par l'internat était de permettre à toutes les jeunes filles l'accès du lycée, alors même que leur domicile serait plus ou moins éloigné du siège de cet établissement. Rien ne ressemblait donc moins à une contrainte que cette disposition tutélaire puisqu'on pouvait à son gré accepter ou répudier notre concours.

Au surplus, si nous nous souvenons des querelles qu'on nous a cherchées, ce n'est plus pour nous y arrêter. Les Chambres ont prononcé; la nécessité de l'internat est un fait acquis. Quant aux récriminations qui ne se sont pas encore lassées, il suffit pour les juger de considérer leur origine. On nous eût montré moins d'emportement, on nous jalouserait avec moins d'aigreur, si nos lycées pourvus de leur internat ne faisaient échec aux internats congréganistes. Le grand intérêt était là, la grande colère aussi et l'on nous prêtait les intentions les plus subversives de toute morale et de toute piété, quand notre but avoué, affirmé sans cesse, était de former enfin d'honnêtes femmes, prêtes à prendre leur place dans notre société civile. L'intention méritait à elle seule quelque estime; le parti-pris ne voulut rien entendre.

Il était inévitable qu'il se rencontrât des universitaires peu disposés à s'accommoder de l'internat. Ces opposants, après avoir fait campagne contre cette disposition lors de la discussion de la loi, après avoir essayé, au sein du Conseil supérieur, d'affaiblir l'autorité des textes qui le consacraient, ont tenté une aventure nouvelle. Ils ont engagé l'État non plus à passer contrat avec les municipalités comme le veut la loi, mais avec des pensionnats privés, c'est-à-dire à réaliser l'internat en déclinant les devoirs immédiats et la responsabilité directe qu'il comporte. Cette solution subtile garantit-elle le lycée contre les reproches qui se produiraient en cas de désordre ? Non. C'est, sous tous les rapports, la solution la plus fâcheuse qu'on pût imaginer et il est incompréhensible que l'on n'en ait pas saisi tous les inconvénients.

Au reste, que les jeunes filles élèves du lycée soient reçues dans un internat municipal ou placées dans un internat privé, agréé par l'autorité supérieure, ou encore pensionnaires dans une famille — car on traite même avec des particuliers, et on va, dans ce système, jusqu'à verser, aux parents qui gardent auprès d'eux leur propre fille, le montant de la bourse d'internat qu'ils eussent dû payer à un tiers — la responsabilité de l'État, nous le répétons, ne reste pas moins en cause, par le seul fait qu'il s'agira d'une de ses élèves.

La vérité plus nette, plus droite que toutes ces habiletés, c'est qu'il existe, dans notre enseignement officiel, des hommes de tout âge qui professent, sur l'éducation des femmes, des théories faites, à notre avis, pour déconcerter la morale et la philosophie. Ces Messieurs ne veulent pas plus de l'externat que de l'internat, l'un et l'autre régime impliquant l'idée d'études réglées, étagées, achevées. Ils accordent sans hésiter que les femmes nous ont souvent égalés et parfois surpassés au point de vue du talent comme au point de vue du caractère; mais ils estiment que nos mœurs et l'ordre public n'ont jamais eu rien à gagner à ces exceptions, au contraire. Et pour nous convaincre que ce n'est pas la jalousie qui dicte leur arrêt, ni l'égoïsme, ni un rigorisme maladroit, ces Messieurs nous proposent d'organiser des *cours*, c'est-à-dire un enseignement sans unité, sans lien, sans suite, sans cohésion, exclusif surtout de toute idée d'éducation et s'offrent à faire un choix d'idées générales à l'aide desquelles les femmes seront renseignées assez sérieusement *de omni re scibili*, pour suivre avec fruit notre conversation dans presque toutes ses parties.

C'est cette pensée que l'on avait

cherché à faire triompher devant les Chambres ; c'est cette même théorie libérale qui a été portée devant le Conseil supérieur de l'Instruction publique et qui a été accueillie par cette haute Assemblée ; si bien qu'à la place de l'enseignement des jeunes filles *analogue à celui des jeunes gens*, solennellement promis par la loi, on a organisé un enseignement secondaire réduit à trois années de *classes*, à deux années de *cours* en partie facultatifs, sans plus se soucier des classes primaires qu'il était d'autant plus nécessaire de ne pas délaisser que les écoles primaires, même élémentaires, de filles faisaient alors souvent défaut.

Ces classes, que le Conseil supérieur a négligé de réglementer, ont

2

sans doute été partout organisés, sauf dans un lycée, grâce à l'autorité supérieure qui a tenu à se conformer à la loi, et aux municipalités qui ont tenu compte des besoins des populations. L'absence de réglementation a toutefois produit ce résultat, que l'enseignement primaire varie d'un lycée à l'autre de vingt-quatre à trente heures par semaine, comme le fait remarquer dans sa consciencieuse étude M. Villemot [1].

Quoi qu'il en soit, grâce à l'autorité supérieure et aux municipalités qui se sont entendues pour la création de l'internat et les classes primaires, la loi n'a pas été stérile. On a créé en

1. *Étude sur l'organisation et le fonctionnement de l'enseignement secondaire des jeunes filles en France, de 1879 à 1887.*

dix ans 27 lycées, 26 collèges, 4 lycées provisoires. Sur ce nombre, 15 lycées et 23 collèges ont obtenu la faculté d'annexer un internat à l'externat ; et telles municipalités qui n'avaient d'abord consenti à créer qu'un externat, se sont vues conduites depuis à demander un internat.

Le Ministre de l'Instruction publique avait en outre favorisé, dans un certain nombre de villes, la création de *cours* dans l'espoir que leur succès justifierait la création d'un lycée ou d'un collège. Mais cet espoir a été souvent déçu sans que l'autorité supérieure ait cru devoir cesser les subventions de l'Etat aux municipalités qui s'abstenaient de réclamer la transformation de leurs cours. Ils ont pris ainsi, dans maintes villes, la place des lycées dont ils ont empêché la création en attendant qu'un beau matin une municipalité hostile mette fin à leur existence précaire.

Cette abstention ne pouvait manquer de plaire aux partisans des *cours*, et leur zèle, toujours en quête d'occasions, imagine sans cesse de nouveaux projets. Ainsi au risque de susciter dans l'enseignement naissant le trouble que des remaniements sans trêve font peser sur les études des jeunes gens, on se fait une arme des hésitations de quelques villes, pour tenter un retour offensif et chercher à défigurer, encore plus qu'on ne l'avait fait, l'œuvre du législateur.

Ici, à l'occasion de l'ouverture des *classes annexes* du lycée Racine, sous prétexte que l'enseignement des nouveaux lycées est mal réparti, on sollicite de l'autorité supérieure, un groupement des classes de manière à les faire toutes le matin ou dans l'après-midi, sans s'arrêter aux inconvénients qu'il peut y avoir à tenir l'attention des jeunes filles en éveil pendant trois heures consécutives et sans se demander s'il est permis de biffer ainsi d'un trait de plume une partie du programme obligatoire.

Là, au lycée Fénelon, on va plus loin. On crée à côté de l'enseignement des quatrième et cinquième années secondaires, et dans l'intention évidente de le détruire un enseignement rival, à l'adresse des jeunes filles conduites par leur mère ou leur gouvernante, donné dans des cours tous facultatifs et groupés, comme les classes annexes du lycée Racine, le matin ou l'après midi. C'est *le cheval de Troie*, nous écrit de l'étranger un pédagogue distingué. Et on se demande, en effet, ce que cache cet enseignement si complaisamment introduit au lycée Fénelon. N'a-t-on pas inconsciemment fait entrer dans la place un régime contraire à celui que les Chambres ont adopté, contraire même à celui du Conseil supérieur qui déjà s'est éloigné de celui de la loi ? A n'en pas douter, si l'on en croit l'un des professeurs, entré au lycée Fénelon, à la suite de cet empiètement. Ce ne serait là que le commencement d'une réforme qui s'étendrait bientôt à tous les lycées. Nous voyons bien que l'on s'en défend ; mais il faut reconnaître que les faits se prêtent singulièrement à cette interprétation [1].

A-t-on voulu permettre aux jeunes

1. Nous avons appris l'ouverture des *cours annexes* du lycée Fénelon par le *Journal des Débats* qui nous avait été communiqué. On vantait fort cet essai ; on le considérait comme le commencement de la substitution dans nos lycées des *cours* à l'externat, ce dernier n'étant qu'un internat déguisé avec tous les inconvénients inhérents à ce régime. On commentait l'arrêté qui les avait autorisés ; on en citait des extraits sans qu'il nous fût possible au reste de trouver trace de ce texte au Ministère de l'Instruction publique. On annonçait une mesure plus décisive, en opposition encore plus flagrante avec la loi, puisqu'il s'agissait d'ouvrir, au faubourg Poissonnière, comme dépendant du lycée Racine, des cours, à l'exclusion de classes, et de transformer ensuite l'annexe ainsi organisée en « lycée ». Les locaux ne furent pas aménagés en temps utile ; l'ouverture en fut retardée et la tentative put être déjouée — pourquoi ne le dirions-nous pas ? — à la suite d'un entre-

filles qui ont reçu l'enseignement du lycée de compléter leurs études au moment où leurs compagnes sont préparées, en sixième année, au concours

tien que nous eûmes avec le Ministre, M. Léon Bourgeois : l'annexe ne comprit que des classes.

Mais aujourd'hui, qu'elle est transformée en lycée, on demande, à titre subsidiaire, sous prétexte de faire appel à la clientèle des « classes élevées », d'ouvrir, comme au lycée Fénelon, à côté de l'enseignement régulier, des cours pour l'organisation desquels on ne laisserait subsister de nos programmes que l'agréable et l'inutile.

A dire vrai, ce que l'on a fait au lycée Fénelon, ce que l'on demande au lycée Lamartine, est l'application d'un système destructif de tout notre enseignement secondaire des jeunes filles. Il faudrait cependant se faire une raison et quel que soit le milieu dans lequel on vit, quelle que soit l'opinion que l'on professe, prendre le parti de s'incliner devant une chose infiniment respectable qui est la loi.

de Sèvres ? Il suffisait alors de créer, parallèlement à cette année, une sixième année secondaire, mais en respectant la solution du Conseil supérieur qui en substituant, pour la quatrième et la cinquième années, les *cours* aux *classes*, a du moins voulu que certains cours fussent *obligatoires*. Il fallait organiser une sixième année avec cours *obligatoires* et *facultatifs*, et il était aisé alors de permettre aux jeunes filles, n'ayant pas fait leurs études au lycée, de suivre les cours *facultatifs*. Il n'y avait, pour cette sixième année, qu'à s'inspirer de la solution admise dans cette remarquable école de Genève que dirige avec un si réel talent M. Bonneton. L'école comprend sept années secondaires proprement dites, et l'enseignement, pendant les sept années, est donné dans les classes. Dans ce que l'on appelle la « division supérieure » bifurquée en « section littéraire » et en « section pédagogique » il y a, à côté des classes obligatoires, des cours facultatifs. On admet à ces cours, concurremment avec les élèves de l'école, des jeunes filles de dix-sept à vingt ans qui n'ont pas fait leurs études dans l'établissement, jeunes filles de la ville, des cantons voisins ou de l'étranger, qui désirent compléter leur éducation et qui viennent s'asseoir avec les élèves sur les bancs de l'école.

Voilà l'exemple dont il fallait s'inspirer et ne pas ouvrir dans un lycée créé par l'État, à côté de l'enseignement réguiier, voulu par la loi, et au risque de le désorganiser, un enseignement rêvé par d'honorables obstinés pour des jeunes filles qui ne veulent pas s'asseoir sur les mêmes bancs que nos élèves.

Il y aurait là, si heureusement nous n'avions à faire qu'à un nombre de personnes très restreint, un symptôme qui ne manquerait pas d'être inquiétant pour l'avenir de notre démocratie.

Il y a, il faut bien le dire, parmi ces personnes des hommes qui, par suite de diverses considérations religieuses ou politiques, professent pour les lois d'instruction publique votées depuis quinze ans, un tout autre sentiment que celui du respect. Ils ont, en particulier, vu d'un mauvais œil la création des lycées de jeunes filles. Il y a les amis particuliers de Cicéron et de Virgile, les familiers d'Aristote, de Xénophon qui n'entendent être distraits à aucun prix de leur culte pour ces beaux génies et que l'enseignement secondaire des jeunes filles inquiétait d'autant plus qu'en faisant une large part aux langues vivantes, à l'hygiène, au droit, il découvrait, par le contraste, les côtés les plus sensibles de l'enseignement secondaire des jeunes gens. Il y a enfin les gardiens du Temple, par inclination, par fonction et par politique, représentants attitrés des oppositions sourdes et des rancunes inavouées empruntant une partie notable de leur autorité qui est certaine, à l'esprit chagrin des *Pères de l'Eglise* ou à l'esprit de dispute des *Jeunes* plus frondeurs qu'en aucun temps. Ce sont ces représentants de l'antique Université et les délégués, un peu hautains mais déjà orthodoxes, de l'Université se disant rajeunie, qui, depuis le jour où la loi sur l'enseignement secondaire des jeunes filles a été proposée, font tous leurs efforts pour que cet enseignement ne pénètre pas plus avant et ne devienne un enseignement national. Ils ont en combattant l'internat fait ce qu'ils ont pu pour placer les lycées hors de la portée des familles. C'est encore la pensée qui les guidait lorsqu'à un moment où les écoles élémentaires de jeunes filles n'étaient pas en nombre suffisant ils se refusaient à organiser les classes primaires dans les lycées.

L'effort ainsi tenté avait donc un double but : restreindre, autant que possible, la clientèle des lycées en réduisant leur régime à l'externat et atteindre la loi, dans ses plus chères intentions, en n'organisant pas de classe pour les quatrième et cinquième années secondaires.

On tente aujourd'hui d'acclimater, à côté de l'enseignement régulier qui comporte une distribution et une progression réfléchies des études, un enseignement de luxe qui substituera aux données pratiques du programme des lycées cette « vue à vol d'oiseau » si vantée. On revient à cette éducation de demi-jour que comporte « la mission particulière des femmes et la décence ». Nous n'insistons pas sur les intentions qui sont, comme toujours, paternelles ; nous nous bornons à faire observer qu'il n'était pas besoin de ces nouveaux cours ; ils ont leur représentation autorisée à la Sorbonne ; et s'ils ne suffisaient pas aux exigences de nos jeunes filles, la Faculté des Lettres est là avec ses leçons de littérature grecque et latine, faites par des maîtres éminents. Pour tout dire, la création des *cours* Fénelon ne se justifie par aucun motif avouable ; et pour ce qui est de la littérature grecque on a trop volontiers oublié que M. Alfred Croiset la représentait supérieurement et par sa parole si sûre d'elle-même, dans son élégance et sa clarté, et par son livre, sérieux et délicat, qui suffit à donner à ces jeunes filles « une idée juste et précise des grands noms et des grandes œuvres qui sont une partie essentielle du patrimoine de l'humanité ». Il eût mieux valu fortifier ceux des cours ou des classes existants, qui, de l'aveu de tous, exigeaient des compléments d'autant plus nécessaires que les livres font défaut. C'est le cas de l'hygiène et de l'économie domestique qui sont enseignées trop sommairement. C'est le cas du Droit qui n'est même pas enseigné dans tous nos lycées, et qui n'a pris place dans les lycées de Paris que depuis cette année, grâce au Ministre de l'Instruction publique, M. Ch. Dupuy.

Au risque de nous répéter, c'est à nos yeux faire absolument fausse route et achever de compromettre la loi du 21 décembre 1880 que de vouloir lui donner un caractère ornemental. C'est à proprement parler l'envers de ce que les Chambres ont voulu. Elles ont visé à l'utile ; elles se sont proposé d'atténuer certains périls et de répondre à certains besoins, sans nul projet de restaurer l'Hôtel de Rambouillet ou de susciter des émules à Mme de Sévigné. Faire des déclassées et faire des précieuses n'entrait en aucune sorte dans l'idée du législateur et cette pensée singulière ne pouvait naître que dans l'esprit de ses contradicteurs, qui ont par surcroît le tort de nous prêter leurs intentions.

Nous ne nous lasserons pas de redire les raisons qui ont déterminé les Chambres à créer l'enseignement secondaire des jeunes filles.

La préoccupation des Assemblées qui, pendant trois quarts de siècle, se sont succédé en France, avait été de maintenir la femme dans l'état de médiocrité d'intelligence et de conscience où l'avait trouvée la Révolution française.

C'est à grand'peine que l'on avait consenti à ouvrir à la femme les écoles primaires élémentaires ; en fait, l'éducation, l'état d'esprit de la femme, en étaient, sauf de rares exceptions, restés au même point que sous l'ancien régime.

Il y avait là, à l'égard de la femme, un déni de justice odieux qu'avaient à cœur de réparer des Chambres qui prétendaient restaurer les traditions de la Révolution.

La femme et l'homme appartiennent également à la patrie. La femme, de même que l'homme, a des droits et des devoirs, et s'il est vrai que ces devoirs diffèrent, à raison du rôle que la nature elle-même assigne à chacun d'eux, ils sont également sacrés. La femme, elle aussi, a droit à sa part de lumière complète, et l'enseignement secondaire créé à son intention a eu précisément pour objet de la renseigner sur l'étendue de ses devoirs, non seulement envers elle-même, mais envers ses enfants qui tiendront d'elle leurs premières impressions toujours décisives, envers la société sur laquelle leur intelligence, leurs sentiments exercent une influence incontestable. A cet égard l'Église ne s'y est jamais trompée, les Chambres de 1880 non plus ; et sans nulle intention d'empiètement et d'usurpation, sans vouloir atteindre autrement les obligations particulières que les différents cultes ont attachées au mariage, ces Assemblées ont résolument voulu que la communauté des leçons, l'égalité de lumières acquise aux deux sexes fortifiassent, entre l'époux et l'épouse, cette union intime des volontés aussi essentielle à la dignité de la famille qu'au maintien de l'ordre public.

Les Chambres de 1880 ont donc voulu faire non seulement une loi d'instruction, mais une loi d'éducation.

Il s'est agi pour elles non seulement d'initier la femme à des sciences, à des faits historiques, à cette heure même si étrangement travestis sous couleur de ménager sa faiblesse, mais aussi de tirer du nouvel enseignement un fortifiant moral certain, tel qu'on devait l'attendre d'une Université animée de « l'esprit libéral et démocratique » comme le dit dans son beau livre [1] M. Marion.

C'est cette nécessité trop évidente de transformer l'éducation de la femme qui a imposé aux Chambres l'internat dont l'éminent recteur de l'Académie de Poitiers, M. Gabriel Compayré, a dit qu'il était et devait de plus en plus devenir une « école d'éducation ».

Voilà l'enseignement qu'ont créé les Chambres, voilà l'enseignement que l'Université a reçu mission d'organiser et voilà dans quel esprit il doit être donné.

En proposant la loi sur l'enseignement secondaire des jeunes filles nous ne nous dissimulions pas les obstacles que nous trouverions sur notre che-

1. *L'Éducation dans l'Université.*

min, puisque nous nous attendions aux hésitations de nos amis eux-mêmes. Nous avions prévu des résistances obstinées comme les injures des adversaires de la République, et on reconnaîtra qu'elles ne nous ont pas fait défaut. Mais notre grande, et disons-le, notre douloureuse surprise nous est venue de l'Université que nous croyions servir et des hommes dont nous attendions le plus ferme secours. Nous avions, hélas ! le tort de compter sans l'esprit de corps, sans les préventions et les entêtements qui en découlent, sans cette estime particulière de soi qui naît de la fréquentation familière des hommes illustres et des grands siècles. Dans cet état d'âme le respect qu'on porte à certains régimes confine à la jalousie et l'on devient, nous l'avons dit, les gardiens d'un Temple. Nous n'aurions vu là, après tout, qu'un accident analysé d'ailleurs et qualifié depuis longtemps, si l'on n'eût ajusté à des apothéoses, parfois irréfléchies, un parti pris de dénigrement contre la loi du 21 décembre 1880. Nous ne pouvions dès lors demeurer indifférent aux thèses si savamment étudiées qui font spécialement de tels personnages du XVIIe siècle des guides sans pareils, aussi bien au point de vue de la direction à donner à l'éducation de nos filles qu'au point de vue du gouvernement de leur raison et de leur moralité. Il était alors de notre devoir d'étudier ces modèles, et c'est ce que nous avons fait avec l'application la plus soutenue.

Une figure dominait toutes les autres placée si haut et si vantée que nous devions d'abord craindre de l'approcher. Nous l'avons approchée cependant, interrogée, suivie. Le nuage d'encens qui l'enveloppait s'est dissipé et l'idole nous est apparue avec ses traits naturels, son geste et son accent vrais, avec ses mérites que nous ne contesterons pas et ses défauts que l'on n'a eu garde de nous révéler.

Qu'il soit bien entendu que nous ne nous sommes nullement proposé de considérer M^me de Maintenon comme écrivain. Le nombre de ses admirateurs est à cet égard assez considérable pour que notre dévotion personnelle ne soit pas comptée.

Ce n'est pas non plus M^me de Maintenon créatrice et directrice de Saint-

Cyr, que nous avons interrogée; Saint-Cyr, le couvent des couvents, cette geôle des jeunes filles protestantes enlevées à leurs familles et dont on s'efforçait, après leur conversion violente, de faire des religieuses.

Ce n'est pas davantage M$^{me}$ de Maintenon, cette merveilleuse discrète qui, ainsi que le rappelle un savant universitaire, M. Vapereau [1], « a renversé et élevé les ministres, inspiré des choix malheureux de généraux, préparé, en favorisant l'hypocrisie, l'explosion des dévergondages de la Régence », et pris une large part aux affaires, aux persécutions religieuses, notamment à la révocation de l'édit de Nantes. Non.

1. *Éléments de littérature française,* t. II, p. 430 et suiv.

C'est M^me^ de Maintenon offerte à nos hommages comme éducatrice contemporaine et comme ayant eu à Saint-Cyr pour principal dessein de former des femmes d'esprit ouvert, de bonnes épouses, de bonnes mères de famille; la même que l'on nous donne comme étrangère à la politique, aux querelles religieuses, que l'on a même tenté de faire sortir de l'histoire pour la placer, Egérie bienfaisante du grand Roi, dans le domaine de la légende.

Autrefois, les recueils de littérature en usage dans les lycées passaient sous silence M^me^ de Maintenon.

Autrefois, on enseignait en histoire qu'aux audiences de la Reine non avouée se pressaient ministres, généraux, archevêques et cardinaux; que, pendant les séances du Conseil du Roi, elle était là, quelque ouvrage d'aiguille à la main ou filant, excellent moyen de tout entendre sans avoir l'air d'écouter, semblant se désintéresser de tout ce qui se disait, marquant son étonnement et répondant avec réserve quand le Roi l'interrogeait sur les personnes et les choses en discussion, alors qu'en réalité, les solutions, avant d'être soumises à Louis XIV, étaient le plus souvent arrêtées entre elle et le ministre compétent. Il en était ainsi notamment pour tout ce qui touchait à la Guerre et aux Finances. On cite les ministres qui eurent le courage de se soustraire à l'ingérence de M^me^ de Maintenon ; leurs jours étaient comptés à ceux-là et ils étaient marqués pour une fin prochaine.

Cette action de M^me de Maintenon sur les affaires politiques a été discutée quant à son étendue. Elle n'a pas été contestée; et des ouvrages revêtus de l'approbation de l'archevêque de Paris et du Pape attestent que M^me de Maintenon « a eu longtemps une grande part aux affaires ».

Ce que l'on a toujours admis et pour ainsi dire sans conteste, c'est sa préoccupation tenace d'avoir la haute main sur les choses de l'Eglise; c'est qu'elle a été, au désespoir des catholiques eux-mêmes, l'un des agents les plus enveloppants, les plus insinuants, les plus perfides de la révocation, de cet Édit criminel et déshonorant qui révoltait la conscience de Saint-Simon, répandit au loin l'horreur de la France et compléta sa ruine.

On ne remarque pas assez que depuis quelques années, sous l'action de divers courants, on tend à refaire l'histoire. La loi sur l'enseignement secondaire des jeunes filles a eu ce très grand honneur de donner naissance à une Mme de Maintenon de convention, en lui assignant une place dans la littérature du dix-huitième siècle, et cette place, on cherche à la lui faire de plus en plus grande.

On a publié des extraits soigneusement triés de ses œuvres que l'on fait précéder d'un éloge où figure, dans un rayonnement d'admiration sans mesure, ce que l'on appelle la pédagogie de Mme de Maintenon. On l'a fait entrer ainsi dans certains lycées; elle y règne et son influence malsaine gagne de proche en proche tous nos établissements.

Comme l'a dit M. Vapereau dans le remarquable article publié dans la Revue de *l'Enseignement secondaire des jeunes filles* [1], et dont ne sauraient trop s'inspirer nos directrices et nos professeurs, on tente, « au mépris des faits et des textes, la réhabilitation de M<sup>me</sup> de Maintenon, de sa vie, de son œuvre ».

N'est-il pas en effet étonnant de voir cette confidente d'un double adultère, plus tard maîtresse à son tour, puis souveraine toujours sous le masque, portée par un caprice de lettrés trop peu désintéressés, au rang de régulatrice des méthodes et des mœurs,

1. Octobre 1892.

et par surcroît libérale : en un mot, femme de cœur et de génie sublimes, traversant cette vie pour le bien du Roi et de la France et accomplissant sa tâche comme éclairée d'un rayon divin.

Si l'on ne s'arrête il ne restera plus qu'à poursuivre la béatification de la veuve du cul-de-jatte Scarron, gouvernante des enfants de Mme de Montespan qu'elle supplanta.

Au moment où M. Joseph Fabre poursuivait ses éloquentes revendications en faveur de Jeanne d'Arc, il se rencontrait des hommes assez spirituels pour nous proposer comme un exemple Mme de Maintenon, cette femme trop habile et toujours cachée qui a été l'un des plus mauvais génies de la France, et la complice de toutes les persécutions religieuses. Vers ce même moment on cherchait à la faire passer pour l'inspiratrice de ces femmes qui, « en répandant autour d'elles comme on les engageait à le faire », les enseignements dont les élèves de Saint-Cyr remportaient dans leurs provinces l'influence salutaire, ont, il a quelque raison de le penser, « contribué à former ce grand courant de générosité sociale qui, dans l'histoire, a pris le nom d'esprit de 1789 ».

Cela peut se lire couramment dans un livre fait à l'usage des jeunes filles, et qui porte en tête le nom de Mme de Maintenon.

La veuve Scarron telle que la dépeint Mme de Caylus avec ses « habits d'étamine de Lude, son linge uni, mais bien chaussée et de beaux jupons », était, dit le même auteur, « une femme simple, modeste, aux sentiments généreux » qui « aurait passé sa vie », s'il l'eût fallu, dans sa première école de Rueil « à tuer des poux, à graisser la gale, à faire laver les pieds », si Dieu, comme se plaisait à le dire celle qui était devenue Reine, ne lui avait marqué sa place et réservé son rôle à la Cour qu'elle haïssait.

« Elle a été reine sans le paraître »..., « elle a concentré entre ses mains toutes les prérogatives, toutes les faveurs ».....

« Le roi se plaisait à travailler dans la chambre de M^me^ de Maintenon », mais « elle se tenait à l'écart ». Elle ne s'occupait pas de politique et n'aurait jamais osé combattre les vues du Maître « et lui exprimer la vérité dans toute sa force sauf lorsqu'il s'agissait de la misère du peuple dont elle était particulièrement touchée ».

« Les questions religieuses sont les seules qu'elle eût à cœur... » « Elle mettait un zèle froid mais tenace à administrer la conscience du Roi. » Mais M^me^ de Maintenon n'a pris aucune part à la révocation de l'édit de Nantes qui a été un « acte politique »... « Ce qu'elle demandait, c'était qu'il fût fait usage avant tout de tous les moyens qu'offrait l'éducation pour ramener les *consciences égarées* »... « On ne peut lui refuser ce
» témoignage qu'elle avait mis du
» côté de l'humanité son cœur et sa
» raison. »

Mme de Maintenon au reste avait d'autres soucis. Elle a été « absorbée » par Saint-Cyr qui la révèle « tout entière » et dont le but, à en croire le Père de la Chaise « d'accord sur ce point avec Fénelon », était de donner à l'État « des femmes bien élevées... de bonnes mères de famille ». Il y avait assez de « bonnes religieuses », et Mme de Maintenon, au reste, « se défiait de la séquestration des religieuses ».

C'est d'après Saint-Cyr qu'il faut juger Mme de Maintenon. C'est là qu'elle a surtout été ce qu'elle était chez tout le monde, « la lumière, la vie, le charme... » « ...Tout ce » qu'elle avait d'expérience, de rai-» son, de sentiments généreux ou » délicats, de résolution, de ten-

» dresse, de souvenirs du passé et
» de pensées d'avenir, elle le ra-
» massa au profit de Saint-Cyr et l'y
» versa. »

Le programme au début, « lorsque la note charmante et brillante de Saint-Cyr était l'agrément », s'est inspiré de celui de *l'Éducation des filles*. Si plus tard, les « écritures » sont devenues rares... « si la lecture restreinte à saint François de Sales et à quelques écrits de morale religieuse ont été insuffisants et monotones, on y a suppléé merveilleusement par des exercices oraux de langage et de raisonnement. La pédagogie moderne n'a rien trouvé sous ce rapport que les dames de Saint-Cyr n'aient dans une certaine mesure appliqué en perfection »... ; quant à « la discipline,

Saint-Cyr n'avait rien de la réclusion monacale ».

« L'avenir pour les demoiselles, c'était en effet, non le cloître, mais la vie, et c'est pour la vie qu'on leur faisait ce *trésor de maximes droites et solides* qui devaient leur servir de règle de conduite. »

Aussi M^me de Maintenon entretenait-elle les jeunes filles du mariage, « elle ne craignait pas de le présenter — ce n'était toutefois qu'aux têtes légères qu'elle tenait ce langage — sous l'aspect le plus sérieux... »

Voilà ce qu'a été Saint-Cyr où M^me de Maintenon a eu pour collaboratrices M^mes de Brinon [1], de la Mai-

1. Expulsée de Saint-Cyr en 1688, par lettre de cachet avec ordre de se retirer dans un couvent.

sonfort [1], de Berval, Mme du Veilhan, « cette âme vaillante que les bulletins de campagne exaltaient, esprit politique qui suivait et expliquait les négociations de la paix ».

Telle est l'œuvre de celle qui avait « le génie de l'organisation... » qui « était au courant de ce que les ar-» moires de Saint-Cyr contenaient de » linge », comme Napoléon qui, « à » la veille d'une campagne, savait » exactement le nombre de chevaux » qu'il avait à l'armée et le nombre » de bottes de foin dont il disposait » pour les nourrir... »

« Certaines des maximes de Mme de Maintenon paraissent sans doute ex-

1. « Éconduite » par lettre de cachet en 1691, ainsi que deux autres dames, et enfermées chacune dans un couvent différent.

céder le cadre de l'éducation moderne qui met à part, pour le réserver à la famille, tout ce qui touche au domaine de la conscience religieuse »... mais on trouve par contre dans les écrits de M^me^ de Maintenon « des définitions dignes de figurer à côté des maximes de La Bruyère, de Vauvenargues, certains mots, certains tours qui rappellent Pascal »,... comme on voit « à côté de simples conseils de sagesse et de bienséance,... des aperçus saisissants, souvent hardis. On trouve, en effet, dans une sorte de manuel pour l'éducation des demoiselles, une espèce de profession de foi en faveur du libre-échange..., une déclaration de principes sur l'égalité de l'impôt..., des réflexions pressantes sur l'obligation du service militaire... »

En résumé et à un point de vue général Mme de Maintenon inspire « l'admiration et le respect ». Si le sentiment ne va pas jusqu'à « la tendresse », il faut y voir « l'effet ineffaçable des calomnies de génie que Saint-Simon a si âprement attachées à sa mémoire ».

Telle était, s'il faut en croire un homme de grand savoir, Mme de Maintenon.

Faut-il l'avouer ? nous nous y sommes repris à deux fois avant de comprendre comment un esprit éclairé, pénétrant comme pas un, a pu nous proposer un semblable exemple ; comment il a pu présenter Mme de Maintenon comme un modèle de droiture, de modestie, de désintéressement, comme une femme aux sentiments et à l'esprit généreux, absorbée par une œuvre admirable, modèle elle-même d'éducation élevée et libérale, comme une directrice des consciences, une moraliste tout entière à sa création, ne se permettant d'intervenir dans les affaires de l'État que lorsqu'il s'agissait d'élever la voix au nom de la justice, de la tolérance, du patriotisme et de l'humanité.

Où nous nous trompons avec beaucoup d'autres ou c'est là une Maintenon que son siècle n'avait pas connue; non pas réelle mais imaginaire et dont on oublie les actions pour ne considérer que les écrits.

Encore faudrait-il les avoir tous lus et c'est ce que l'on n'a pas fait.

Lorsque l'on cite les éditions authentiques de Mémoires qui, dans des ouvrages revêtus de l'approbation de l'archevêque de Paris et du « Saint-Siège », sont indiqués comme donnant les renseignements les plus intéressants sur la cour de Louis XIV, on répond qu'ils sont l'œuvre d'un « ca-» lomniateur de génie », mais d'un calomniateur.

C'est l'épithète dont on accompagne le nom de Saint-Simon, celui que l'on a dénommé « le Tacite et le Juvénal » du siècle de Louis XIV.

Lorsqu'on invoque les écrits de Mme de Maintenon, ceux sur lesquels l'histoire a basé son jugement sur Saint-Cyr, on répond que le texte primitif a été altéré ou par un faussaire ou par les Dames de Saint-Louis.

Lorsque l'on cite les écrits originaux de Mme de Maintenon on répond qu'il ne faut pas prendre à la lettre tout ce que l'on y lit.

Nous nous abstiendrons de prendre parti dans cette dispute sur l'authenticité des écrits de M^me de Maintenon, bien que l'épithète de faussaire nous paraisse un peu leste. Nous concéderons que les éditeurs avaient l'habitude, au siècle dernier, d'arranger, d'abréger les documents qu'ils publiaient. Mais les défenseurs de M^me de Maintenon sont-ils vraiment fondés à se plaindre de ce procédé alors que plusieurs d'entre eux ne se font pas faute de reproduire des citations empruntées de toutes mains, équivoques dans leur origine et trop ingénieusement abrégées et cousues pour que nous puissions avoir confiance.

Le fait certain, c'est qu'à l'occasion

de la compilation publiée en 1752, Voltaire dit dans le *Supplément au Siècle de Louis XIV* : « Il s'est trouvé » que madame de Maintenon a si» gné par avance tout ce que j'ai dit » d'elle. »

Et il disait d'elle dans une lettre qu'il adressait en 1752 (18 décembre), à d'Argental : « ... de la fausseté, de » l'ambition, du manège, des messes, » des sermons, des galanteries, des » cabales, voilà ce qui compose une » Esther. »

Mais que vaut ce témoignage ? Et Voltaire avec Saint-Simon ne méritent-ils pas d'être mis au panier ?

Le fils de Racine, qui avait communiqué au compilateur de 1752 des lettres de Mme de Maintenon, a trouvé, dans le recueil publié, des documents autres que ceux qu'il avait donnés. Cela a suffi pour mettre en doute les lettres éditées à cette époque. Mais les détenteurs de lettres de M$^{me}$ de Maintenon étaient nombreux et le compilateur a dû puiser dans différentes collections. Il y a sans doute des originaux que l'on ne retrouve plus. Peut-on en conclure qu'ils n'ont pas existé ?

Des documents nombreux ont été détruits par les religieuses de Saint-Louis. Ceux qu'elles n'avaient pas brûlés ont été dispersés en 1793 et remis par elles à des familles amies. Les documents qui se trouvaient à Paris, à l'hôtel de Noailles, ont été disséminés à la même époque. Des lettres originales ont été retrouvées, il y a vingt ans.

Enfin, nous ne nous arrêterons pas à réfuter ceux qui prétendent que les écrits conservés, par les religieuses de Saint-Louis, ont été faussés par elles, ou encore qu'il ne faut pas prendre à la lettre tout ce que dit Mme de Maintenon dans les documents originaux qui subsistent. Il n'y a pas, on le reconnaîtra, de discussion possible dans ces conditions. L'argument ne mérite d'être retenu que parce qu'il permet de constater chez certaines personnes le parti pris de mettre en doute tout ce qui peut porter une ombre sur la figure idéale de Mme de Maintenon.

Ce qui n'est pas douteux, c'est que les religieuses de Saint-Louis avaient conservé de nombreux écrits de leur Supérieure. Elles les ont, inconsciemment ou non, communiqués, et permis ainsi de placer sous son vrai jour Mme de Maintenon.

Parmi les compilations que l'on a faites de ses écrits, il est une collection composée sur les originaux ou sur des copies authentiques. Elle est due à un historien, M. Lavallée qui, après avoir jugé assez sévèrement Mme de Maintenon, est venu à résipiscence et a dépensé, dans un travail énorme, le zèle et l'ardeur d'un néophyte. Il est enclin, en effet, à tout excuser, à tout justifier, et, presque sans réserve, à tout admirer.

Nous savons bien qu'à cette indulgence exagérée, les amis passionnés de Mme de Maintenon eussent préféré plus de circonspection dans le choix des lettres. Après avoir loué M. Lavallée de son œuvre, ils ont fini par lui reprocher de l'avoir entreprise sur le tard, à un moment où commençait à faiblir la vigueur de son esprit. Ce galant homme a, en effet, publié des lettres que l'on eût désiré laisser dans l'oubli. Il ignorait que le grand art chez un historien entendu est de ne pas tout dire ; même il a donné une plus grande force à sa révélation en classant parmi les pièces fausses celles dont il ne retrouvait pas les originaux.

Pour peu que les originaux que M. Lavallée a eu sous les yeux disparaissent avec le temps et qu'ils soient passés sous silence dans les *Extraits* que nous vaudra le mouvement actuel en faveur de la grande éducatrice, on montrera à nos descendants une M^me de Maintenon si parfaite que sa modestie s'en offensera.

Quoi qu'il en soit, nous avons un recueil authentique, reconnu comme tel par les partisans les plus qualifiés de Mme de Maintenon eux-mêmes puisqu'il a servi de base à l'apologie de la directrice de Saint-Cyr. C'est ce même ouvrage qui va nous permettre de présenter, aux mères de famille, au personnel dirigeant et enseignant de nos lycées, une Mme de Maintenon sincère dont les pensées et les actions ne seront plus empruntés à la fable, mais à des documents indéniables. Nous ne citerons en effet de l'œuvre de M. Lavallée que les pages dont il a vérifié la provenance et reconnu l'authenticité. Nous serons conduits à multiplier nos citations. Si abondantes qu'elles soient, elles présenteront néanmoins une lacune, M. Lavallée s'étant, pour la *Correspondance générale*, arrêté à l'année 1701, après le quatrième volume. Un cinquième volume renfermant les lettres de 1701 à 1705 a été imprimé, mais il a été détruit ; il est introuvable même à la Bibliothèque Nationale ; et M. Lavallée, il est à peine besoin de le dire, n'a pas continué son travail.

Quelle femme ces écrits nous révèlent-ils !

Une femme dont la devise est : *Semper recte*, et dont la vie a été un modèle de « manège », pour parler comme Voltaire.

M^me^ de Maintenon se dit et on la dit modeste, simple, sans arrière-pensée ambitieuse, cherchant les rôles effacés, regrettant et désirant toujours sa vie très humble d'autrefois. Qui donc ignore ce que cachait la simplicité de Mme de Maintenon ? et pour ce qui est de l'ingénuité de ses pensées, il faut la voir à l'œuvre pour en apprécier toutes les ressources.

Du jour où elle est chargée des enfants de Mme de Montespan et du Roi, elle est déjà en chemin pour supplanter sa maîtresse, « celle que l'on traite en Reine ».

Mme de Maintenon ne veut avoir affaire qu'au Roi. Il n'aime pas les dévotes dans ce temps-là et, pour s'emparer de lui, elle mêle à la dévotion une douce galanterie ; en même temps elle encourage Mme de Montespan à la dévotion.

Mme de Montespan s'aperçoit trop

tard qu'elle est trahie et il s'en suit, entre les deux femmes, des scènes terribles suivies de confidences échangées entre le Roi et Mme de Maintenon.

Mais déjà celle-ci a mesuré l'influence qu'elle exerce sur Louis XIV, elle parle de quitter la Cour; et pour la retenir, le Roi multiplie ses libéralités si heureusement commencées par le don de la terre de Maintenon dont le revenu était de 15,000 livres. C'est à cette attitude que Mme de Sévigné fait allusion quand elle écrit (1675, 7 août) :

« Je veux vous faire voir un petit dessous de cartes qui vous surprendra. C'est que cette belle amitié de Mme de Montespan et de son amie est une véritable aversion depuis près de deux ans. L'amie est d'un orgueil qui la rend révoltée contre les ordres de l'autre. Elle n'aime pas à obéir : elle veut bien être au père, mais non pas à la mère. Elle lui rend compte et point à elle. Le secret roule sous terre depuis six mois et se répand un peu. »

N'arrivant pas assez vite, malgré les brouilles qu'elle suscite avec un art infini, à provoquer une rupture ouverte entre le Roi et M^me de Montespan, M^me de Maintenon prend le parti de le rapprocher de la Reine. C'était peu de temps avant la mort subite de Marie-Thérèse (1683) et nous verrons l'ascendant que prit dès ce moment *M^me de Maintenant*, comme on disait à la Cour, sur l'esprit du Roi et le rôle qu'elle joua dans l'État.

On oublie trop souvent que si M^me de Maintenon était veuve de

Scarron, elle était la petite-fille de cet Agrippa d'Aubigné, prosateur, poète et théologien, même courtisan, souple et fort, contenu et passionné à l'occasion, fait pour la guerre et pour l'intrigue, au demeurant tout près d'être absolument remarquable s'il eût appris à se fixer. Mme de Maintenon, qui devait se souvenir de cette vie, se souvint certainement de celle de son père, l'homme hasardeux qui ruina sa mère et elle dut quelque jour faire le serment d'être patiente, de ne se jamais livrer qu'à bon escient. Elle se tint parole et lentement, mais sûrement, elle ne cessa pas de monter. L'esprit de suite qui a manqué à tous les siens, elle le possède et quand elle s'est fixé un but, elle va jour par jour et toujours sans bruit.

Son ambition que l'on nie, elle l'avoue :

« Je voulais, dit-elle, faire un beau personnage... Je voulais de l'honneur[1]. »

Non seulement elle voulait faire un beau personnage, mais elle voulait être le *personnage*, soumettre tout *au moi*. C'est le moi qui la domine, comme le lui écrivait, non sans un certain courage, Fénelon dont elle devait ruiner la fortune :

« Le Moi dont je vous ai parlé si souvent est encore une idole que vous n'avez pas brisée. Vous voulez aller à Dieu non par la perte du *Moi*, au contraire, vous cherchez le *Moi* en Dieu[2]. »

1. 1707. Lavallée, *Lettres historiques*, t. II, p. 214 et 215.

2. Lavallée, *Correspondance générale*, t. III, page 260.

Le *moi* résume la vie entière de cette femme modeste; et le *moi* dans tout ce que l'orgueil peut concevoir de plus hautain à la fois et de plus secret ; un *moi* dont M^me^ de Maintenon elle-même a pris soin de nous laisser l'adorable pastel que voici :

« J'ai été jeune et jolie, j'ai goûté des plaisirs, j'ai été aimée partout[1]. .........

Dans mon enfance, j'étais la meilleure petite créature que vous puissiez vous imaginer. J'avais un naturel excellent, le cœur bon. En un mot, j'étais véritablement ce qu'on appelle une bonne enfant, de manière que tout le monde m'aimait...

Étant un peu plus grande, je demeurais dans les couvents. Vous savez combien j'étais aimée et de mes maîtres et de mes maîtresses et de mes compagnes. Elles étaient ravies de m'avoir.................

1. *Lettres historiques,* tome II, page 102.

Après cela je me suis trouvée dans le monde aimée de tous côtés. C'était à qui m'aurait : les hommes me suivaient parce que j'étais jolie; les femmes me cherchaient parce que j'étais douce dans la société et que, dès ce temps-là, je m'occupais beaucoup plus des autres que de moi. Enfin, chacun s'empressait pour moi, hommes et femmes..... [1] »

Elle se dit et on la dit désintéressée. Suivons-la encore de ce côté :

« Je ne me souciais pas, dit-elle, des richesses. J'étais élevée de cent piques au-dessus de l'intérêt et je regardais cela comme fort au-dessous de moi [2]. »

Et elle soutire à Fouquet, à Colbert, au Roi des concessions, des privi-

1. 1707. *Lettres historiques*, t. II, p. 213, à Mme de Glapion.

2. 1707. *Lettres historiques*, t. II, p. 215.

lèges [1], de l'argent qu'elle emploie à l'achat de terres, au sujet desquelles elle échange avec son frère une correspondance d'homme d'affaires.

1. Voici le texte de l'une de ces concessions :

« Aujourd'hui, dernier septembre 1674, le Roi, étant à Versailles, voulant gratifier et traiter favorablement dame Françoise d'Aubigné, veuve du feu sieur Scarron, S. M. lui accorde et fait don du privilège et faculté de faire des âtres à des fourneaux, fours et cheminées d'une nouvelle invention, sans pouvoir néanmoins obliger les particuliers à s'en servir et prendre plus grande somme que celle dont il aura été convenu ni prétendre aucun droit de visite.

Fait S. M. défense à toutes personnes de faire ni construire lesdites âtres, à peine de quinze cents francs d'amende ; m'ayant S. M. commandé d'expédier à ladite dame, veuve Scarron, toutes lettres à ce nécessaires et ce pendant le présent brevet qu'elle a signé de sa main et fait contresigner par moi. — Colbert. »

Un jour, elle a en vue une terre, mais elle prie son frère de n'en pas parler. « Cela porte malheur[1]. »

Un autre jour, elle engage son frère à acheter des terres en Poitou où les protestants persécutés les vendent à vil prix.

« On donne les terres en Poitou et la désolation des Huguenots en fera encore vendre. Surineaux, Saint-Pompin et plusieurs autres vont être en décret..... [2]. »

Entre temps, elle écrit à son confesseur des lettres où elle mêle la dévotion aux affaires.

« Voyez, dit-elle (au sujet d'une terre qu'elle se propose d'acheter), M. X (la

1. 16 octobre 1674, *Correspondance générale*, tome I, p. 232.

2. 1681, 2 sept. *Correspondance générale*, t. II, p. 202.

personne qui s'occupe de la lui trouver), je vous en supplie, pour le presser et priez Dieu qu'il me donne la force de le servir [1].

Les sûretés, dit-elle encore (à l'occasion d'un autre achat), sont difficiles à trouver. Dieu veuille qu'elles soient suffisantes [2]. »

Entre deux achats de terres, elle cherche pour son frère une femme riche, consentant à disposer d'une partie de son bien au profit de son mari. C'est ainsi qu'elle tente de nouer une union avec une vieille femme et, qu'empruntant le langage de certaines femmes interlopes, elle écrit à M. d'Aubigné, cet autre nomade de sa famille dont elle ne put rien faire :

1. 1674, oct. *Correspondance générale*, t. I, p. 234. A l'abbé Gobelin.

2. 1674, déc. *Correspondance générale*, t. I, page 243. A l'abbé Gobelin.

« Il faut vous montrer au plus tôt à cette femme, elle en a de l'impatience et il ne faut pas la négliger..... Je suis ici pour n'en point partir que l'affaire (le mariage) ne soit faite ou rompue ; elle est de conséquence pour vous et pour moi. Faites-vous beau : il faut donner de l'amour à la vieille qui me paraît une bonne femme[1]. »

La « vieille » ne voulant assurer aucun fonds à M. d'Aubigné, M^me^ de Maintenon cherche une autre vieille :

« Je lui ai mandé (à M. Rosteau), écrit-elle à M. d'Aubigné, que cette femme me plaisait fort, pourvu qu'elle vous assurât du bien ; que je croyais que vous en aimeriez mieux une plus jeune dans la fantaisie d'en avoir des enfants, mais que l'on ne pouvait pas trouver tout en-

1. Avril 1675, *Correspondance générale*, t. I, p. 263.

semble... Voilà le sens de ma lettre. L'âge de Mme de Bourdon me fait peine à cause des enfants, mais son habileté à conduire votre maison et cette terre à quatre lieues de Paris me font envie [1]. »

« La vieille » déjoue les calculs de Mme de Maintenon qui s'adresse, sans plus de succès du reste, à une demoiselle Floigny. La fiancée ne voulant pas assurer tout son bien à M. d'Aubigné, Mme de Maintenon abandonne ce projet de mariage ; mais, écrit-elle à son frère :

« Prenez (pour la rupture) un autre prétexte [2]. »

Il faut être bien résolu à ne pas

1. 16 juin 1676. *Correspondance générale* t. I, p. 306.
2. 1677, nov. *Correspondance générale*, t. I, p. 364.

voir ou décidé à voiler ou à farder la vérité, pour vanter le désintéressement d'une femme pour laquelle l'amitié, la reconnaissance, le mariage ne sont que moyens de battre monnaie! On ne trouve même pas un mot de blâme pour la petite-fille convertie d'Agrippa d'Aubigné, qui dans le secret des persécutions religieuses qui se préparent les escompte pour en faire argent!

Elle vante et on vante ses qualités de cœur.

Nous avons eu sous les yeux 130 lettres[1] de Mme de Maintenon à son frère. Elle y parle affaires, même dans

1. Ces lettres sont antérieures à 1686. A partir de cette époque, on n'en trouve plus que 4.

la lettre qu'elle écrit après la mort de la Reine et où elle laisse percer l'espoir d'épouser le Roi ; on n'y trouve pas un mot venant du cœur.

Elle jette le deuil dans sa famille en enlevant, par la ruse et la violence, ses jeunes parentes qu'elle contraint à abjurer.

Elle témoigne les sentiments les plus malveillants à sa belle-sœur, lui reproche « sa basse naissance [1] »... « son incivilité insupportable »..., « son attachement à sa personne », son langage qui est celui « de la halle », son inhabileté « à tenir la maison, ses dépenses exagérées de toilette [2] ». « Elle comprend après tout,

1. Mme d'Aubigné était fille de Piètre, médecin et conseiller du Roi.

2. Mme de Maintenon envoie à son frère

que sa belle-sœur ait raison de « s'ajuster » étant très mal « négligée », mais il n'est pas cependant nécessaire

le mémoire des objets qu'elle a donnés à Mme d'Aubigné : « Ce n'est, dit-elle, ni pour vous le reprocher, ni pour vous le faire payer que je vous l'envoie, mais pour montrer à Mme d'Aubigné que l'argent va vite. »

| | LIVRES. |
|---|---|
| Une robe de chambre de peluche couleur de feu | 322 |
| Une jupe de satin violet en broderie | 330 |
| Une jupe de moire couleur de rose. | 94 |
| Un habit à fond blanc | 211 |
| Une jupe satin jaune | 227 |
| Un corps couleur de feu | 38 |
| Quatre paires de souliers et deux paires de mules | 40 |
| Un carreau et un sac de velours cramoisi | 330 |
| Pour deux paires de drap de Hollande | 150 |
| Pour le festin de la noce | 500 |
| Une garniture de point de France composée d'un peignoir, d'un tablier, une garniture de cheminée, une cornette et deux bonnets | 650 |

de passer tous les matins deux ou trois heures au miroir..... En un mot, dit Mme de Maintenon à son frère, Mme d'Aubigné est « un oison » qu'il faut faire travailler, car « si elle va joindre le libertinage à la fainéantise d'une bourgeoise, fille unique, ce serait un emplâtre insupportable[1] ».

Voilà pour la famille.

Voici maintenant pour les amis.

Mme de Maintenon fait brutalement expulser de Saint-Cyr et reléguer dans un couvent Mme de Brinon, et elle pense « mourir de rire » en voyant l'abbé Gobelin en témoigner un étonnement « ridicule ».

Elle provoque la disgrâce de Lou-

1. 1678, 2 avril, *Correspondance générale*, t. II, p. 37.

vois avec lequel elle avait comploté les persécutions religieuses et dont elle était personnellement l'obligée[1], mais qui avait voulu épargner à Louis XIV la honte d'un mariage avec la veuve Scarron[2].

1. Voir notamment lettre à M. d'Aubigné, avril 1676 : « Votre mariage est conclu avec Mlle Carellier, et M. Louvois en doit voir les articles au premier jour... Je ne vous dirai rien de l'obligation que nous avons à M. Louvois, car si j'entrais en matière je ne pourrais vous parler d'autre chose. » (*Correspondance générale*, t. I, p. 300.)

2. C'est à partir de ce moment que Mme de Maintenon voua une haine implacable à Louvois.

Le Roi, décidé à épouser secrètement Mme de Maintenon, en parla à Louvois comme d'une chose qui n'était pas résolue. Louvois qui entendait pour la première fois parler de ce projet s'écria : « Votre Majesté songe-t-Elle à ce qu'Elle me dit! Le plus Grand Roi du monde, couvert de gloire, épouser la

Elle témoigne à Fénelon les sentiments les moins bienveillants. Elle s'en est, il est vrai, toujours méfiée. Il avait eu à honneur de ne vouloir mettre au service des conversions que la persuasion et avait dit à Louis XIV

« que sa religion ne consistait qu'en superstitions et en pratiques superficielles..... qu'il passait sa vie hors du chemin de la vérité et de la justice..... que tant de troubles affreux qui désolaient

veuve Scarron, voulez-vous vous déshonorer ? « Il se jeta aux pieds du Roi fondant en larmes. » Pardonnez-moi, Sire, lui dit-il, la liberté que je prends ; ôtez-moi toutes mes charges, mettez-moi en prison, je ne verrai pas une pareille indignité. » Le Roi lui disait ; « Levez-vous, êtes-vous fou ? avez-vous perdu l'esprit ? »

Le Roi conta tout à M$^{me}$ de Maintenon, qui à partir de ce moment devint la plus mortelle ennemie de Louvois. (*Mémoires* de l'abbé de Choisy.)

l'Europe depuis plus de vingt ans, tant de sang répandu, tant de scandales commis, tant de provinces saccagées, de villes, de villages mis en cendre, étaient les suites funestes de cette guerre de 1672 entreprise pour sa gloire et pour la confusion de faiseurs de gazettes et de médailles de la Hollande[1]. »

Racine malgré une soumission parfois servile n'a pas échappé aux foudres de M^me de Maintenon[2].

1. *Corr. gén.*, t. IV, p. 47.

2. Voir une lettre du 13 février 1698. Cette lettre nous le montre accablé, ce pauvre Racine. Trésorier de France à Moulins il vient d'être taxé à dix mille livres en vertu d'une mesure générale destinée à rétablir les finances « ce qui a dérangé ses petites affaires ». Et avec cela on le traite de rebelle à l'Église, lui qui a fait, par ordre de M^me de Maintenon, plus de trois mille vers sur des sujets de piété, et qui est d'une « soumission d'enfant pour tout ce que l'Église croit et or-

Elle n'a pas davantage épargné ses amis de la première heure : le duc de Beauvilliers, le duc de Chevreuse qui avaient épousé les filles de Colbert, et cependant « ces gens-là », comme elle les appelait [1], étaient les personnes dont le nom lui avait servi de caution et qui avaient favorisé ses débuts.

Que dire de l'enseignement que nous donnent les derniers moments du Roi ! où trouver un exemple plus frappant de l'ingratitude de M$^{me}$ de Maintenon ! elle n'attendit pas le dernier soupir de Louis XIV. Lorsqu'elle sut qu'il était perdu elle se retira à Saint-Cyr et le Roi l'ayant demandée on fut obligé de l'aller chercher.

donne même dans les plus petites choses » (*Corr. gén.*, t. IV, p. 216.)

1. 1698. Lettre à l'Archevêque de Paris.

Le cardinal de Noailles lui-même, « mon archevêque », comme elle disait, ne put pas se soustraire au sort des amis qui avaient cessé de plaire ou dont les services n'étaient plus utiles.

Aussi Mme de Maintenon pouvait-elle dire dans un moment d'abandon qui nous découvre en même temps que le vide de son cœur sa haine pour Louvois :

« Je crois que si l'on ouvrait mon corps après ma mort on trouverait mon cœur sec et tors comme celui de M. Louvois [1]. »

Nous venons de la voir ingrate. La voici médisante.

Nous ne citerons que deux exem-

1. 1708, oct. *Lettres hist.*, tome II, p. 278 à Mme de Glapion.

ples, l'un relatif à *Madame*, l'autre à M^me^ Guyon : « Madame se porte bien », écrit M^me^ de Maintenon à M^me^ de Brinon ; et elle ajoute, faisant allusion à la passion de *Madame :*

« La joie est peinte sur son visage de la guérison du Roi, je crois que vous n'en doutez pas (1686)[1]. »

. . . . . . . . . . . . . . . . . . . .

« Le Roi, écrit-elle à M^me^ de Brinon, prétend que M^me^ Guyon a couru les champs et passé les monts pour suivre son confesseur[2]. »

Et elle écrit sur le même sujet une lettre à l'archevêque de Paris dans des termes qu'il ne nous est point possible de reproduire[3].

1. 1686, déc. *Corr. gén.*, t. III, p. 55.
2. 1687, avril. *Corr. gén.*, tome III, p. 74, et *Lettres hist.*, t. I, p. 46.
3. 1698. *Corresp. gén.*, t. IV, p. 253.

Ces propos haineux étaient d'autant plus déplacés que la veuve Scarron ne passait pas pour une femme de mœurs irréprochables ; c'est là un sujet que nous ne voulons même point effleurer ; mais, il y a, comme disait M$^{me}$ de Sévigné en parlant de M$^{me}$ de Maintenon, « le premier tome de sa vie ». M$^{me}$ de Maintenon, comme le faisait observer M$^{me}$ de Sévigné, ne pouvait espérer qu'on pût toujours l'ignorer [1].

Mais nous voici à Saint-Cyr.

Avant d'en franchir le seuil nous sommes obligé à un « *mea culpa* ».

Confiant dans la parole de M$^{me}$ de Maintenon et de ses apologistes, nous

1. Les lettres du cul-de-jatte Scarron à M$^{lle}$ d'Aubigné ne sont pas de celles que l'on écrit à une femme que l'on respecte.

avons, dans le rapport de la Commission de la Chambre des Députés, reproduit, sans la contrôler, la fable que l'on cherche à substituer à l'histoire de Saint-Cyr, de son origine, de son but, partant de son éducation. Nous avons eu le tort de ne pas remonter aux sources. Notre excuse s'explique par les conditions dans lesquelles nous avons fait ce rapport. Il n'est pas venu au monde dans le silence du cabinet, où naissent à leur jour et à leur heure, les rapports académiques. C'est un produit hâtif, conçu et né, si nous pouvons nous exprimer ainsi, entre deux batailles. C'était le moment des luttes passionnées à la Chambre et au Sénat. La proposition de loi sur l'enseignement secondaire des jeunes filles, entre toutes, allait soulever des discussions longues et ardentes; et nous devions encore — l'événement l'a prouvé — compter avec la tactique d'adversaires qui prendraient plaisir à multiplier les incidents de nature à entraver les débats. On nourrissait l'espoir que la proposition deviendrait caduque faute d'avoir pu être votée avant l'expiration du mandat de la Chambre.

Il fallait se hâter. Le rapport a été l'œuvre de quelques jours. L'exposé de la législation étrangère notamment, fait sur des documents originaux, a été, presque en entier, écrit pendant les séances alors qu'en notre qualité de secrétaire de la Chambre nous siégions au *Bureau*.

Mais voyons ce qu'était Saint-Cyr.

Mme de Maintenon affirme et on

affirme que Saint-Cyr a été créé pour la noblesse indigente.

Saint-Cyr, nous l'avons vu, a été créé pour les *Nouvelles Catholiques* dont Mme de Maintenon s'efforçait de faire des religieuses.

Le règlement de 1686 appliqué le jour de l'ouverture de Saint-Cyr disait :

« On leur inspire (aux jeunes filles) l'horreur du monde sans vouloir les contraindre à être religieuses, mais on leur explique les avantages de cette condition [1]. »

On sait ce qu'il fallait entendre par ces mots « sans les contraindre ». L'abbé Phélipeaux nous l'apprend lorsqu'il nous fait le poignant récit

1. 1686. Lavallée. *Lettres et entretiens* sur l'éducation des filles, t. I, p. 10.

de la pression exercée sur la malheureuse Mlle de Maisonfort[1]. Elle avait une aversion profonde pour la vie religieuse qu'on voulait lui imposer. M. de Chartres, Fénelon, Gobelin, Tiberge réunis par Mme de Maintenon décidèrent que « Dieu voulait que Mlle de Maisonfort fût Dame de Saint-Louis ». En apprenant cette décision, Mlle de Maisonfort « pensa en mourir de douleur ».

Cette pauvre fille, dame de Saint-Louis, mais accusée de quiétisme, fut par lettre de cachet exilée de Saint-Cyr et envoyée dans un autre couvent.

La pensée dominante de Mme de Maintenon, dès le premier jour de la fondation de Saint-Cyr, est de fabri-

1. 11 décembre 1690. *Lettres historiques*, t. I, p. 137.

quer des religieuses. Elle ne néglige rien pour atteindre ce but. Elle entoure les jeunes filles d'un luxe de missionnaires, de confesseurs ordinaires et extraordinaires[1]. Et les jeunes filles doivent obéir à leur confesseur « en tout sans nulle réserve[2] ». Aussi Mme de Maintenon pouvait-elle dès 1691 écrire :

« Toutes nos bleues veulent être religieuses : tous les couvents en prennent à bon marché[3]. »

Les jeunes filles devaient être mortes au monde, et cette mort, bientôt, ne suffit plus à la grande éducatrice, car

1. 18 janvier 1691. *Lettres historiques*, t. I, p. 145.
2. *Lettres historiques*, p. 250.
3. 20 août 1691. *Lettres historiques*, t. I, p. 173.

au moment où la petite vérole fauchait ces malheureuses enfants à Saint-Cyr, Mme de Maintenon écrivait :

« Nos enfants sont trop heureuses de mourir de bonne heure[1]. »

Et nous sommes, nous le répétons, dans la première période de Saint-Cyr, la période brillante, la période d'éducation « élevée et libérale ».

1. 1692, octobre, *Lettres historiques*, t. I, p. 256, à Mme de Fontaines.

Nous retrouvons la même pensée en 1711. « Je crains bien qu'à la fin nous ne perdions beaucoup de nos pauvres enfants ; on ne peut s'empêcher d'en être fâchée, quoique ce soit le plus grand bonheur qui puisse leur arriver.

.........................................

Je ne puis m'empêcher de regretter les filles que nous perdons quoique je sois persuadée qu'elles sont plus heureuses de mourir que de vivre. » *Lettres historiques*, t. II, 27, et 31 août, p. 351 et 352.

On sait à quoi se réduisait le programme à cette époque, alors que l'on représentait *Esther* et que la maison était dans tout son éclat : au catéchisme, à la lecture, à l'écriture, à la musique. On y ajoutait un peu d'orthographe, et, s'il est possible de se servir de ces mots quand on parle de l'enseignement donné à Saint-Cyr, un peu de géographie et d'histoire.

On affirme, il est vrai, que Mme de Maintenon a appliqué dans sa maison le programme de « l'éducation des filles » de Fénelon, que ce programme a été celui de Saint-Cyr jusqu'en 1692, que même à partir de cette époque « l'esprit de l'éducation des filles » y a subsisté.

Autant d'inexactitudes.

Jamais, à aucun moment, le programme de Fénelon n'a été appliqué à Saint-Cyr; car M^me de Maintenon élevait les jeunes filles pour le couvent, tandis que Fénelon les élevait pour la famille.

Le programme de Fénelon comprenait : la lecture, l'écriture, la grammaire, les quatre règles de l'arithmétique, les histoires grecque et romaine, l'histoire de France, l'économie domestique, le droit, la musique, la peinture.

Fénelon voulait que l'on enseignât le droit aux jeunes filles parce qu'il estimait utile

« qu'elles sussent quelque chose des principales règles de la justice : par exemple, la différence qu'il y a entre un testament et une donation; ce que c'est qu'un contrat, une substitution, un partage de cohéritiers, les principales règles du droit ou des coutumes du pays où l'on est pour rendre ces actes valides ; ce que c'est que propre, ce que c'est que communauté, ce que c'est que biens meubles et immeubles ; si elles se marient, ajoutait-il, toutes leurs principales affaires rouleront là-dessus. »

Fénelon insistait sur l'enseignement de l'économie domestique :

« Il faut sans doute, disait-il, un génie bien plus élevé et plus étendu pour s'instruire de tous les arts qui ont rapport à l'économie, et pour être en état de policer toute une famille, qui est une petite république, que pour jouer, discourir sur des modes, et s'exercer à de petites gentillesses de conversation......... Il est bon d'accoutumer les femmes dès l'enfance à gouverner quelque chose, à faire des comptes, à voir la manière de faire les marchés de tout ce qu'on achète et à savoir comment il faut que chaque chose soit faite pour être d'un bon usage. »

Fénelon recommandait l'enseignement de l'histoire grecque et romaine « parce que les jeunes filles, disait-il, » y verront des prodiges de courage » et de désintéressement ».

Enfin Fénelon conseillait aux jeunes filles « la lecture des ouvrages d'éloquence et de poésie ».

Où voit-on la trace de ces enseignements à Saint-Cyr ? On ne peut au contraire rien rêver de plus dissemblable ! Ces règles de la justice dont parle Fénelon où sont-elles ? et l'économie domestique ? et l'histoire et les ouvrages d'éloquence et de poésie, où sont-ils ? Jamais Saint-Cyr n'en a entendu parler.

L'économie domestique était comprise par Mme de Maintenon à sa manière ; elle recommandait aux religieuses de « tirer service » des jeunes filles ; de se servir des « noires » pour soulager les dames dans leurs charges comme aux classes, à la porte, à la sacristie... », des « bleues » et des « jaunes » « pour changer de lit à l'infirmerie, pour la nettoyer à fond » ou « à la lingerie, au garde-meuble, au réfectoire, à la sacristie ou ailleurs » ; les jeunes filles devaient de plus « aider les servantes à porter du bois... » Les « petites » devaient ramasser des fruits, éplucher les fleurs pour les sirops [1].

1. 1700. *Lettres et entretiens*, t. I, p. 286, *Instructions aux dames de Saint-Louis* sur le secours qu'on peut tirer des demoiselles.

Imagine-t-on une économie domestique plus étrangement entendue ?

Non seulement on n'enseignait pas à Saint-Cyr l'histoire grecque ou romaine, mais jamais on ne devait se servir de « citations ou d'exemples » profanes de nature à enorgueillir ou » à dégoûter de l'humilité du chris» tianisme [1] ».

M^me de Maintenon craignait que « tous ces grands traits de générosité » et d'héroïsme n'élevassent trop l'es» prit des jeunes filles [2] ».

1701. *Lettres et entretiens*, t. I, p. 348, *réprimandes aux jeunes filles de la classe jaune.* 1702, t. I, p. 395. *Entretiens avec la classe verte.*

1. 1691, *Lettres et entretiens*, t. I, p. 77. Avis aux maîtresses des classes.

2. 1696, *Lettres et entretiens*, t. I, p. 226. *Instructions aux religieuses de Saint-Louis.*

On nous dira : Mais *Athalie*, mais *Esther*, que, par parenthèse, Mme de Maintenon « adorait » ? Soyons donc sincère. Ces représentations fastueuses où plus d'un personnage illustre pouvait se reconnaître avaient une tout autre destination que de former des *bleues*, des *noires* ou des *jaunes.*

Les ouvrages recommandés par Mme de Maintenon sont ses *Conversations morales;* son livre préféré c'est *Introduction à la vie dévote* de saint François de Sales. On peut y joindre les *Confessions* de saint Augustin, les *Lettres* de sainte Thérèse, les *Écrits* du jésuite Rodriguez, les *Cantiques spirituels* de Racine, le *Jephté* de l'abbé Boyer, les *Stances chrétiennes* de l'abbé Testu, etc.

Mme de Maintenon, au reste, ne recommande pas la lecture : « La lec-
» ture fait plus de mal que de bien
» aux jeunes filles[1]. »

Nous tenons à le redire : l'enseignement à Saint-Cyr, c'était le catéchisme, la lecture, l'écriture, un peu d'orthographe et quelques notions très sommaires de géographie et d'histoire.

L'histoire devait être enseignée de manière

« à connaître les princes de sa nation et à les savoir suffisamment pour ne pas brouiller la suite de nos rois et leurs personnes avec les princes des autres Empires... ; mais tout cela sans règle ni méthode, et seulement pour n'être pas plus ignorante que le commun des honnêtes gens[2]. »

1. 1705. *Lettres et entretiens*, t. II, p. 127.
2. 1696, juin. *Idem*, t. I, p. 225. *Instructions aux religieuses de Saint-Louis*.

On se servait du petit livre, rédigé par demandes et réponses, de l'abbé Le Ragois. Ce livre a survécu à la Révolution. Il a été revu, augmenté, corrigé suivant les régimes qui se sont succédé depuis 1789, et était, il y a quelque temps encore, en usage dans les couvents.

Chaque roi de France avait son médaillon, et quel médaillon ! son distique, son numéro d'ordre avec l'indication de la date du règne.

. . . . . . . . . . . . . . . . . . . . .

CLOVIS I

1er ROI DE FRANCE

et premier roi chrétien, régna 30 ans.

Esclave de l'erreur, j'adorai de faux dieux,
Mais mon épouse, enfin, me désilla les yeux.

. . . . . . . . . . . . . . . . . . . . .

## DAGOBERT I

XI<sup>e</sup> ROI DE FRANCE

régna 10 ans.

Après tant de combats, couronnés par la gloire,
Qu'il est doux de jouir des fruits de la victoire.

. . . . . . . . . . . . . . . . . . . . . . .

## CHARLES LE GROS

XXIX<sup>e</sup> ROI DE FRANCE

régna 3 ans.

Par trois peuples, ce roi, trois fois couronné,
Fut de tous ses sujets enfin abandonné.

. . . . . . . . . . . . . . . . . . . . . . .

## EUDES

XXX<sup>e</sup> ROI DE FRANCE

régna 10 ans.

La vertu la plus pure et la plus belle vie
Ne sont pas sur le trône à couvert de l'envie.

. . . . . . . . . . . . . . . . . . . . . . .

## LOUIS PHILIPPE DE VALOIS

L<sup>e</sup> ROI DE FRANCE

régna 22 ans.

De ce fertile tronc une branche cassée
Par une autre aussitôt se trouve remplacée.

. . . . . . . . . . . . . . . . . . . . . . .

Quant à la géographie, Mme de Maintenon pensait qu' « il ne faut là-dessus qu'une connaissance légère des choses principales[1] ».

Mme de Maintenon, comme le dit M. Vapereau[2], n'a pris du programme de Fénelon « que les développements excessifs de prédications chrétiennes offertes aux mères avec leur pompe oratoire toute préparée ». Car la directrice de Saint-Cyr était hostile à toute instruction sérieuse de la femme, son idéal étant de faire des religieuses et qui mieux est « des mortes » comme nous l'avons montré plus haut[3].

1. 1711, août, *Lettres historiques*, tome II, p. 333, à Mme du Pérou.

2. Mme de Maintenon, Revue de l'*Enseignement secondaire des jeunes filles*, octobre 1891.

3. Octobre 1692.

Cependant Louis XIV ne voulait pas que Saint-Cyr fût un monastère, mais tout puissant qu'il était, absolu sinon arbitraire, puisque Bossuet fait cette distinction, il lui fallut, en 1692, s'incliner devant la volonté de Mme de Maintenon, et Saint-Cyr devint un monastère.

Et alors Mme de Maintenon qui ne veut pas d' « une troupe de libertines, » d'espiègles de couvent qui vivent » comme des écoliers[1] », établit la discipline que, dès le premier jour, elle avait rêvée et qui, paraît-il, fait illusion à des esprits par nature et par état supérieurement pénétrants.

Les amitiés particulières sont interdites.

1. 1692, *Lettres et entretiens*, t. I, p. 87. Avis aux maîtresses des classes.

« Ne souffrez aucune liaison particulière[1]. Elles sont la peste des religions (des couvents). L'amitié, qui est une vertu si aimable, si douce, n'est pas une vertu religieuse, mais bien une vertu propre aux personnes séculières[2]. »

Pour empêcher les amitiés de naître, Mme de Maintenon a ses procédés à elle, inattendus et toujours déconcertants.

L'essentiel, écrit-elle, est :

« de ne les laisser jamais seules et sans une personne de confiance, de leur ôter le loisir de parler en les occupant toujours..... Qu'elles ne parlent jamais bas[3]..... Il faut vous renouveler sur la

1. 1686, *Lettres et entretiens,* t. I, p. 27.

2. 1714, *Lettres et entretiens*, t. II, p. 342. Instructions aux demoiselles de la classe verte...

3. 1714, *Lettres et entretiens*, t. II, p. 332, à Mme de la Mairie.

vigilance et défendre très absolument aux demoiselles de dire un mot tout bas à leurs compagnes; cette faute, qui serait très légère aux personnes sans expérience, est très considérable. Il n'y en a pas sur laquelle il faille leur faire moins de grâce. Punissez-la donc très grièvement et laissez dire ce qu'on voudra là-dessus [1]. »

Mme de Maintenon veut que les jeunes filles soient « gardées à vue » :

« Vous ne les conserverez, dit-elle, dans l'état où elles sont que par cette vigilance. Ne vous fiez jamais à elles..... On se trouve seules; on se dit un mot assez indifférent d'abord ; il est suivi d'un autre qui ne l'est pas tant, on baisse la voix et voici une intelligence qui se forme. Mais, dites-vous, elles ne seront pas toujours gardées à vue », etc. [2].

1. 12 janvier 1715. *Lettres et entretiens*, t. II, p. 350, à Mme de Vandal.

2. 22 avril 1713. *Lettres et entretiens*, t. II, p. 301, à Mme de Fontaines.

Et, de crainte que cette surveillance ne soit insuffisante, Mme de Maintenon organise un système d'espionnage mutuel.

Les dames, si nombreuses cependant, ne suffisent pas à la surveillance qu'ordonne la supérieure de Saint-Cyr. Elles sont aidées par les sœurs converses et on y associe les élèves elles-mêmes qui fournissent une triple police, celle du *ruban noir*, du *ruban couleur de feu* et des *chefs de bandes* qui s'espionnent entre elles.

Non seulement elle isolait les jeunes filles de leurs compagnes, et à l'aide de quels moyens ! mais elle cherchait à dénouer les plus sacrés, les plus doux des liens, ceux qui unissent les enfants à leurs parents. Un père, une mère ne pouvaient voir leur fille que quatre fois par an, et M^me de Maintenon demandait que l'on veillât à ce que les visites fussent courtes, que l'on « demeurât toujours là pour voir ce qui se passe ».

« Il y aurait en effet, disait-elle, dureté à empêcher qu'un père parlât en particulier à sa fille..... il nous resterait assez de temps pour détruire ce qu'on lui aurait dit de déraisonnable ; et puis en un quart d'heure de conversation il serait difficile qu'un père jetât beaucoup de poison dans le cœur de sa fille [1]. »

De deux choses l'une, où il y a là une méconnaissance prodigieuse, disons-le, un mépris brutal des sentiments les plus profonds de la femme enfant, de la femme jeune fille, de la

1. 1695. *Lettres et entretiens*, t. I, p. 203. Entretiens avec les dames de Saint-Louis.

femme à tout âge, où il faut se résoudre, qu'on le veuille ou non, à voir dans un pareil régime le reflet trop apparent de certaines doctrines qui placent la perfection dans l'anéantissement de toute volonté, de toute intelligence, moins en vue « du salut » que d'une domination sans contrôle.

N'en avons-nous donc pas assez dit pour montrer que les deux qualités maîtresses de l'éducation faisaient défaut chez Mme de Maintenon : la confiance et cette tendresse faite d'estime et de pitié qui gagnent les cœurs.

Quelques rares jeunes filles ont, il est vrai, quitté Saint-Cyr pour se marier ; mais sans que Mme de Maintenon les eût sollicitées au mariage.

« Vous obéirez toujours, disait-elle, et

l'obéissance des gens du monde est bien plus difficile que celle des religieuses. Si vous y cherchiez de la douceur, je vous dirais : entrez dans un couvent, car entre la tyrannie d'un mari et celle d'une supérieure, nommons cela ainsi, il y a une différence infinie. On sait à peu près en entrant en religion ce qu'on peut exiger de vous ; on voit les règles, on s'essaye pendant le noviciat, et par conséquent on peut prendre ses mesures ; il n'en est pas de même pour le mariage : il n'y a point de noviciat qui y dispose et il serait difficile de prévoir jusqu'où un mari peut porter le commandement. Il s'en trouve très peu de bons ; sur cent je n'en ai jamais connu deux, et quand je dirais un, je n'exagérerais point. Il faut supporter d'eux bien des bizarreries et se soumettre à des choses presque impossibles. Je ne vous dis tout cela que pour vous parler toujours selon la vérité ; car quel intérêt ai-je que vous soyez religieuses? Cela ne me fait rien [1]. »

Cela ne vous semble-t-il bien froid ?

Si elle avait été aussi désintéressée, aussi peu disposée à farder la vérité on s'expliquerait difficilement son obstination à revenir sans cesse sur ce même sujet pour affirmer que « le ma- » riage est l'état où l'on éprouve le » plus de tribulations même dans les » meilleurs [2] » et pour faire dire jusque dans « ses conversations » aux personnages qu'elle mettait en scène :

..... « Le mari n'a nulle règle qui le conduise, on est exposé à toutes ses extravagances.....

1. 1700. Lavallée. *Conseils aux demoiselles*, t. I, p. 32. Instructions à la classe jaune.

2. 1703, 9 juin, *Lettres et entretiens*, t. II, p. 300, à Mme Fontaine, maîtresse générale des cours.

Les meilleurs sont toujours tyranniques. Il faut qu'une femme se dévoue à l'esclavage et à la mort en se mariant, il n'y en a que trop d'exemples [1]. »

En leur faisant voir le mariage sous ce peu riant aspect, Mme de Maintenon ne laisse entrevoir le salut que dans le couvent ; et elle gourmandait les jeunes filles de ne pas mettre plus d'empressement à embrasser la vie religieuse :

« Je suis surprise, mes enfants, que voyant des professions aussi souvent que vous faites ici, vous n'en soyez pas plus touchées, et qu'il n'y en ait pas davantage d'entre vous qui se fassent religieuses. Autrefois, les mères n'osaient mener leurs filles à aucune de ces cérémonies, de crainte qu'elles n'eussent envie d'entrer

1. *Conseils aux demoiselles*, sur les inconvénients du mariage. T. I, p. 268 et suivantes.

au couvent, tant cela était ordinaire. De dix filles qui allaient à une profession, il y en avait neuf qui demandaient à entrer en religion. Ce n'est point, mes chères enfants, que je veuille vous forcer à être religieuses ; personne n'a moins cette dévotion que moi. » . . . . . . . . . .
. . . . . . . . . . . . . . . . . . . .

Puis encore :

« Est-ce que vous comptez que Dieu vous déclarera sur cela visiblement sa volonté ? Ce n'est plus sa conduite, il ne s'explique point directement par lui-même ; il ne descendra pas du ciel, ni n'en fera pas descendre quelqu'un de ses anges, pour vous dire qu'il vous veut religieuse ou non. On ne voit plus de nos jours, du moins cela est rare, de ces grâces extraordinaires qui viennent, comme on dit, frapper si fort un cœur, qu'aussitôt on va se jeter dans un couvent ; il se sert de moyens moins sensibles, mais qui n'en sont pas moins efficaces quand on est fidèle à y correspondre[1]. »

Quel doute peut donc être permis après des exhortations si puissantes, après ce *compelle exire* qui ne tarit pas, après ce vis-à-vis obsédant de cette supérieure maternelle et de ce mari extravagant et tyrannique ? Est-elle donc poursuivie par le souvenir de son père ? Cela n'est pas impossible. Mais encore quelle idée se fait-elle de son sexe quand elle juge essentiel, pour le garder contre la tentation, de multiplier les grilles et les clôtures. Elle veut que l'on soit « inexorable » là-dessus » bien qu'elle compte

« pour rien tout cet appareil extérieur

1. 1703, 3 fév., *Lettres et entretiens*, t. II, p. 1. Instructions aux dames de la classe bleue.

de solitude et de séparation du monde, si la séparation n'est réelle, effective et soutenue en tout et si ce n'est véritablement le tombeau où les vierges de Jésus-Christ disparaissent et s'ensevelissent toutes vivantes pour n'avoir plus de société avec la terre ; l'essentiel est de ne pas voir les gens du monde, c'est de n'être pas vues, c'est d'être ignorées, oubliées, anéanties dans une mort civile ; c'est de ne plus entendre [1].

... Les religieuses doivent être mortes à tout ce qu'elles ont voulu quitter, avait-elle déjà dit, car si cette mort est nécessaire à toutes les religieuses, elle l'est encore plus pour celles de Saint-Cyr [2]. »

Les religieuses vivent dans une atmosphère de dévotion, et cette dévo-

1. 1694, *Lettres et entretiens*, t. I, p. 152. Esprit de l'Institution des filles de Saint-Louis.
2. Septembre 1693, *Lettres historiques*, t. I, p. 316, à Mme de Butery.

tion devient de plus en plus étroite sous la direction de leur « supérieure spirituelle », Mme de Maintenon, « choisie par Dieu pour les conduire [1] ». Elles s'abîment de plus en plus dans des actes de contrition afin d'assurer le salut de Mme de Maintenon, la conversion du Roi, le triomphe de l'Eglise et, au moment des désastres de la guerre de la *Grande-Alliance* provoquée par la politique religieuse dont elle a été la complice, pour demander la paix, c'est-à-dire l'écrasement des hérétiques.

« Dieu, disait-elle, sera pour Lui (le Roi) contre tous; il est pieux et les autres sacrifient leur religion à leurs passions... Il n'importe : la volonté de Dieu s'accomplira malgré les hommes [2]. »

1. *Lettres historiques*, t. I, p. 341.

2. Août 1696. *Correspondance générale*, t. III, p. 384, à Mme de Brinon.

Si l'on veut juger de l'état intellectuel de ces élues si bien gardées que l'on nous dépeint comme des esprits supérieurs, il suffit de lire les réponses qu'elles firent à M^me de Maintenon lorsqu'elle leur annonça la conclusion de la paix de Ryswick (1697).

« La paix est faite, écrit-elle, réjouissez-vous[1]. »

Et cette paix qui est célébrée par un repas offert à la communauté donne naissance à des sentiments dont on appréciera la délicatesse :

La sœur de Veilhan répond qu'elle est

« si bête depuis que la paix est faite qu'elle ne sait plus que dire ; cependant, elle sera de bonne compagnie. »

1. 1697, 1er octobre, *Lettres historiques*, t. II, p. 4.

La sœur Fontaines n'a pu prendre part à la fête et elle eût

« été de mauvaise humeur si elle n'avait trouvé de bonnes pêches sur qui se venger ».

La maîtresse supérieure (sœur Berval) est

« affligée que sa dignité de chef d'ordre l'ait empêchée d'aller manger des pêches. A l'heure « qu'on y avait destinée », elle a été faire une conférence à la moitié de la communauté qui est en retraite. »

La sœur de Blosset a

« la tête si dure qu'elle n'a pas compris qu'il était permis de manger des pêches au jardin. J'en ai vu, dit-elle, les plus belles du monde, qui m'ont donné une grande tentation et qui m'a portée même jusqu'à leur tâter le pouls. Mais le ressouvenir du morceau d'Adam, qui m'est revenu dans l'esprit, m'a empêchée de succomber[1]. »

Faut-il, après ces réponses de la « communauté », donner celles des sœurs du « noviciat » ?

« Madame, écrit la sœur de Sailly, après avoir gardé une partie du jour les demoiselles à qui on arrachait les dents, je pensais me dédommager de cette fatigue en mangeant des pêches qu'on a eues à souper; mais, malheureusement, madame, vous n'étiez point au réfectoire pour voir qu'on avait oublié d'en mettre à notre couvert.

. . . . . . . . . . . . . . . . . . . .

Pour moi, écrit la sœur Hallé, ma dignité de première maîtresse me procura une récréation toute spirituelle, où je ne fus *repue*, au grand réfectoire, que d'autorité et de prééminence; vous pouvez

1. *Lettres historiques*, t. II, p. 4 et suiv.

juger, Madame, si je fis un bon repas : j'étais seule à mon festin.

. . . . . . . . . . . . . . . . . . . . .

J'ai fait une chute depuis votre départ, écrit la sœur de Saint-Léger, et j'ai tant d'orgueil que je serais inconsolable si je n'espérais qu'elle ne m'élèvera autant en effet qu'elle me rabaisse en apparence : c'est que de novice je suis *noire* à l'infirmerie des demoiselles.

. . . . . . . . . . . . . . . . . . . . .

J'ai déjà fait, Madame, continue la sœur de Guiry, un si grand progrès dans le noviciat, que j'ai mérité d'avoir soin des lampes, qui est une des plus éminentes fonctions.

. . . . . . . . . . . . . . . . . . . . .

J'aurais bien envie, Madame, poursuit la sœur de Beaulieu, de surpasser nos sœurs dans mon mot, mais je n'en puis venir à bout ; vous n'en serez pas étonnée, Madame, car mon esprit est encore aussi bouché qu'il l'était avant votre départ.

. . . . . . . . . . . . . . . . . . . . .

On étouffe mes belles pensées, Madame, ajoute la sœur de Ruffiac, par le bruit de la récréation, et j'ai déjà fait plus de six brouillons pour mettre ceci au net.

. . . . . . . . . . . . . . . . . . . . .

Notre troupeau augmente, Madame, dit encore la sœur de la Haye, on nous donna hier deux nouvelles venues, tout ce qui m'en afflige, c'est qu'elles ne sont pas assez ignorantes pour être de dignes filles de la maison de Saint-Louis[1]. »

Mme de Maintenon prétend, et on prétend qu'elle ne s'immisçait pas dans les affaires de l'Etat.

Les historiens ont affirmé le contraire et nous avons, en outre, le témoignage de ceux qui, vivant à la

1. *Lettres historiques*, t. II, p. 11 et suiv.

Cour, comme Mlle d'Aumale[1], ont été à même d'observer Mme de Maintenon :

« Le Roi, dit Mlle d'Aumale, ne pouvant se passer d'elle (de Mme de Maintenon), la fit loger dans l'appartement de la Reine; les conseils se tenaient dans sa chambre et le Roi y faisait une grande partie de ses affaires sur lesquelles il la consultait souvent[2]. »

Nous avons le témoignage de Mme de Maintenon elle-même :

« Elle reçoit, dit-elle, un jour M. de Chamillard, un autre Mgr l'archevêque; aujourd'hui, c'est un général d'armée qui va partir, demain une audience qu'il faut donner et qui m'a été demandée avec cette circonstance que ce sont presque toujours des personnes que je ne puis différer de

1. Qui a été secrétaire de Mme de Maintenon.

2. *Correspondance générale*, t. II, p. 302.

voir, car il le faut bien, par exemple, quand les officiers partent, et ainsi des autres[1]. »

Cette intervention de Mme de Maintenon est, en plus d'un cas, un désastre. De parti pris, elle écarte tous ceux qui ne font pas profession d'être dévots; elle provoque la nomination de généraux et de ministres incapables; c'est ainsi qu'elle fait donner la succession de Colbert et de Louvois à l'économe de Saint-Cyr, l'inepte Chamillart dont le seul mérite fut de faire la partie du Roi au billard.

Mêlée aux actes de la politique intérieure et extérieure, Mme de Maintenon peut réclamer sa large part dans les désastres qui assombrissent

1. 1705. *Lettres historiques*, t. II, p. 157. Entretiens intimes avec Mme de Glapion.

la fin du grand règne. Bornons-nous à rappeler l'affaire de la succession d'Espagne : Mme de Maintenon, après avoir encouragé le Roi à accepter la couronne d'Espagne pour son petit-fils (Philippe V), entretient une correspondance secrète, et des plus suivies, avec la princesse des Ursins, agent de la France à Madrid, comme elle l'avait été précédemment à Rome. Mais après quelques années, une rupture étant survenue entre ces deux ambitieuses, Mme de Maintenon écrivait à la Princesse l'étonnant billet que voici :

« Je ne me mêle pas d'affaires, madame ; je ne suis presque jamais entre le Roi et ses ministres quand ils travaillent chez moi. Croyez que je vous dis la vérité..... Je suis un peu comme Agnès; je crois ce qu'on me dit et ne creuse pas davantage....... Je ne vois presque plus, madame; j'entends encore plus mal ; on ne m'entend plus, parce que la prononciation s'en est allée avec les dents, la mémoire commence à s'égarer. »

A quoi Mme des Ursins répliqua :

« Le portrait que vous me faites de vous, madame, n'est pas rempli de vanité, mais il ne faut pas le prendre au pied de la lettre. Vous entendez ce qu'il vous plaît, vous voyez ce qui ne vous déplaît pas. Vous vous expliquez ou vous vous taisez selon que vous le jugez à propos. Je l'ai si souvent éprouvé que ce serait ma faute, si je n'en étais pas convaincue. »

Mme de Maintenon soutient et on prétend qu'elle ne s'occupait pas des affaires religieuses.

Le proverbe : « Tout mauvais cas est niable » est ici chez lui.

L'abbé Gobelin avait surpris sous l'humilité et la modestie affectées de Mme de Maintenon une ambition faite à souhait pour servir les desseins que l'on avait sur le Roi. Mme de Maintenon se livra tout entière à l'abbé Gobelin :

« Je suis résolue de me laisser conduire comme un enfant [1].

Priez Dieu, écrit-elle encore à l'abbé Gobelin, qu'il me conduise et vous inspire ce que je dois faire [2]. »

C'est à cette date que la veuve de Scarron est introduite à la Cour au-

1. 1674, 2 mars, *Correspondance générale*, t. Ier, p. 196.

2. 1679, 2 janvier, *Correspondance générale*, t. Ier, p. 295.

près de Mme de Montespan, pour y jouer le rôle que l'on sait et s'emparer, par une suite ininterrompue de manèges, de la volonté du Roi.

Mme de Maintenon à ce moment est très réservée, chacun de ses mouvements a sa mesure et parfois son charme. Jamais elle ne se hâte et toujours elle avance, on sait vers quel sommet ; un geste à contre-temps ou une parole inconsidérée pourrait tout perdre, car le Roi est ombrageux en plus d'un sens, mais surtout quand il s'agit des choses de l'Eglise. Que l'on se rassure au reste, aucune faute ne sera commise. Le malheur est que la majeure partie de la correspondance avec l'abbé Gobelin n'existe plus. Il rendait les lettres ou les brûlait. Il en est, sans doute, qui ont disparu par les soins de personnes soucieuses de réaliser les désirs d'une femme qui voulait être pour l'histoire « une énigme ».

On ne trouve que des phrases clairsemées pour attester la participation active de Mme de Maintenon à l'œuvre de la Révocation. Elles sont du reste significatives :

« Jugez, écrit-elle en 1691 à M. Villette, dont elle avait fait enlever et convertir la fille de force

« jugez si je dois vous la rendre, et si ayant fait une violence pour l'avoir, je ferai la sottise de la rendre. Donnez-moi plutôt les autres par amitié pour eux, puisqu'aussi bien, si Dieu conserve le Roi, il n'y aura plus un huguenot dans vingt ans [1]. »

1. 1681, avril. *Correspondance générale*, t. II, p. 162.

M^me de Maintenon, si maîtresse d'elle-même, trahit le secret de la persécution qui se prépare.

L'ère des violences décisives est proche et elle va en être non pas l'instrument aveugle, mais l'agent très conscient et très puissant par l'action continue qu'elle exerce sur le Roi.

Déjà le « Saint-Père » compte avec elle, il lui envoie des cadeaux :

« J'aurais voulu de tout mon cœur, écrit-elle à M^me de Brinon, cacher le présent que j'ai reçu de Rome, car je suis si glorifiée en ce monde de quelques bonnes intentions que je tiens de Dieu, que j'ai sujet de craindre d'être humiliée et confondue dans l'autre[1]. »

C'est la lettre dans laquelle elle ré-

1. 1683, 22 août. *Lettres historiques*, t. I, p. 21.

pond à des allusions à son mariage avec le Roi, car la Reine venait de mourir subitement (1683, 20 juillet) et le Roi, nous l'avons vu, était aussitôt parti pour Fontainebleau avec Mme de Maintenon, dont il ne pouvait plus se passer.

C'est le moment où elle souffre de ses vapeurs. C'est le moment où le Roi est malade ; ses digestions sont devenues difficiles, il a perdu ses dents, une carie de la mâchoire s'est déclarée et a exercé de tels ravages que, lorsqu'il boit, le liquide s'échappe par les narines ; ce sont les souffrances physiques et, comme conséquence, l'affaissement moral. Le Roi, dès lors, est à la merci de Mme de Maintenon, qui mène de front la révocation de l'Édit de Nantes et le mariage secret.

Mme de Maintenon, jusqu'à cet événement, ne se dépare pas de sa prudence. Elle n'écrit pas ou si elle écrit elle recommande de détruire les lettres qui peuvent la compromettre. Le mariage accompli et rassurée sur les retours possibles du souverain qu'elle domine, elle recommande encore parfois de brûler ses lettres, mais peu à peu ses précautions se détendent.

Les lettres, à partir de cette époque, subsistent nombreuses et mettent son rôle en pleine lumière.

Elles nous font voir Mme de Maintenon s'emparant peu à peu de la direction de « la grande affaire » et dans une pensée d'égoïsme et d'ambition, livrant à tous les excès du fanatisme ses souvenirs de famille et tout un peuple.

Cela, elle l'a fait et cela devrait suffire.

La révocation s'accomplit et Mme de Maintenon, à ce moment, est à Rome *persona grata.*

Le Pape par un bref (1686) lui accorde des grâces particulières, et elle écrit au cardinal Spada :

« Je vous supplie d'être persuadé que je ne négligerai rien pour me rendre digne de la bienveillance du chef de l'Eglise et pour lui témoigner en toute humilité mon attachement et mon respect[1]..... »

Le Pape, écrit le duc de Chaulnes, ambassadeur de France à Rome,

« me commanda deux fois de vous faire savoir que votre considération l'avait fait

1. 1686. *Correspondance générale*, t. III, p. 60.

pencher bien plus facilement à la concession de cette grâce[1]. »

Le Pape recommande à M^me^ de Maintenon son envoyé et lui demande d'une façon générale de défendre les intérêts du « Saint-Siège » :

« ..... Noble dame, vos vertus insignes et vos nobles et recommandables prérogatives nous sont si connues, qu'elles nous engagent à vous donner des marques toutes particulières de notre affection paternelle. Nous vous prions de vouloir bien donner toute l'assistance et toute la protection possibles dans la Cour à notre Trevisani[2]..... Nous vous prions avec un zèle également fort de faire valoir, toutes les fois que l'occasion s'en présentera, l'affection filiale que vous avez pour le

1. 16 décembre 1689, *Correspondance générale*, t. III, p. 207.
2. Un envoyé.

Saint-Siège et d'en défendre les justes intérêts [1]. »

Le Pape appelle l'attention particulière de Mme de Maintenon sur les affaires importantes dans la certitude qu'elle fera tout ce qui dépendra d'elle pour qu'elles aient une solution favorable :

« Notre bien-aimée fille en Jésus-Christ, très noble dame, salut et bénédiction apostolique : nous avons conçu une si grande idée de votre illustre piété et respect filial que vous avez pour cette chaire apostolique, qu'ayant écrit une lettre de notre propre main pontificale au Roi très chrétien sur une affaire de très grand poids et qui nous tient fortement au

1. 1690, 18 février. *Correspondance générale*, t. III, p. 221. Bref du pape Alexandre VIII à Mme de Maintenon. Voir également la lettre du cardinal Ottoboni, p. 220.

cœur, nous avons cru qu'il était à propos de vous l'envoyer, afin que le Roi la reçût de votre main, et nous ne doutons point que vous n'employiez tout ce qu'il dépendra de vous pour faire réussir l'affaire dont nous traitons, de laquelle vous connaîtrez manifestement l'importance par cette même lettre. Outre le salaire immense que vous pouvez attendre de Dieu très grand et très bon qui récompense toujours libéralement les bonnes œuvres, vous devez être persuadée que nous ne manquerons jamais de reconnaître de tout notre pouvoir le service considérable que vous nous rendrez en cette occasion[1]. »

Un nouveau bref charge un nonce accrédité auprès du Roi de témoigner à Mme de Maintenon la bienveillance du Pape :

1. 1690, 20 décembre. *Correspondance générale*, t. III, p. 255. Le pape Alexandre VIII à Mme de Maintenon.

« .... Notre vénérable frère..... vous marquera et vous réitérera souvent les dispositions de notre cœur à votre égard et vous assurera de la bienveillance paternelle dont il est juste de reconnaître le respect filial que vous faites paraître pour le Saint-Siège[1]. »

Enfin, un bref du 28 octobre 1692 donne à Mme de Maintenon l'autorisation d'entrer dans tous les monastères du Royaume.

C'était la traiter en Reine.

C'est alors que le Roi n'a plus pour lui que sa majesté et que Mme de Maintenon s'est, en fait, saisie de la toute puissance.

La nomination de l'archevêque de Paris sera son œuvre avouée; elle a

1. 1692, 30 juin. *Correspondance générale*, t. III, p. 341. Bref du pape Innocent XII.

forcé le consentement de ce prélat « pour la gloire de Dieu, le salut de l'Église et le bien du Roi [1] ».

Il y a là tout un programme, comme on dirait aujourd'hui, et pour le réaliser les voies sont toutes grandes ouvertes :

« Voici, écrit-elle à l'archevêque, une lettre d'un de vos amis qui sait une partie de ce qui se passe : vous nous garderez le secret à tous. Il faut quelquefois tromper le Roi pour le servir et j'espère que Dieu nous fera la grâce de le tromper encore à pareille intention et avec vous [2]. »

Cette grâce ne fit pas défaut ; tous les secrets d'État sont livrés à l'archevêque de Paris. M^me de Maintenon lui

1. 18 août 1695, *Correspondance générale*, t. IV, p. 12.

2. 18 août 1695, *Correspondance générale*, t. IV, p. 12.

écrit quand elle ne peut pas l'entretenir. Les lettres sont nombreuses. Nous en trouvons plus de cent soixante de 1695 à 1700. Et pour quelques-unes elle se sert d'un chiffre [1].

Tout ce qu'elle voit et entend, sans en excepter les confidences du Roi, pour lesquelles il recommandait le secret le plus absolu, tout va à l'archevêque :

« Le Roi, écrit-elle, m'a imposé un secret entier que je confie à mon évêque parce que je le crois nécessaire [2].

. . . . . . . . . . . . . . . . . . . .

1. Voir notamment 15 novembre 1695, 11 mars 1696, etc., *Correspondance générale*, t. IV, p. 37 et 73.

2. 15 novembre 1695. *Correspondance générale*, t. IV, p. 36. Chose curieuse : elle termine cette lettre par ces mots : « Encore une fois, Monseigneur, méfiez-vous de tout

Je veille pour vous avec une grande attention, croyant veiller pour Dieu et sur son Église [1].

. . . . . . . . . . . . . . . . . . . .

Je vis hier et je vous le dis en secret, un mémoire de M. le procureur général, spécieux, éloquent, qui conclut à supprimer la plus grande partie des communautés établies sans lettres patentes et à faire des règlements pour celles qu'on voudra garder qui établiront la visite et l'autorité des magistrats sur la conduite intérieure et extérieure de ces maisons. Vous serez consulté là-dessus. Je prends la liberté de dire que je ne crois pas impossible de faire un mémoire contre celui de M. d'Aguesseau [2]. »

ce que vous estimez le plus ; je suis à la source, ce qui me fait voir trahison sur trahison.

1. 1696, 1er juin, *Correspondance générale*, t. IV, p. 100.

2. 1701, 24 sept., *Corr. gén.*, t. IV, p. 447.

Ainsi donc, pas de doute encore sur ce point ; c'est pour servir l'Église que Mme de Maintenon trahit un Roi qui l'a faite Reine. Mais en agissant ainsi elle sert ses propres intérêts, car l'Église et Mme de Maintenon ne sont qu'un.

Au reste, si Mme de Maintenon oublie tout pour être agréable à son archevêque, elle entend qu'il la renseigne à son tour :

« Accoutumez-vous, écrit-elle à M. de Noailles, à faire une lettre à part de ce que je montre au Roi[1] ; il n'y faut rien mêler qui marque notre grand commerce. . . . . . . . . . . . . »

Même elle se montrera défiante et lorsque l'archevêque travaille directe-

1. Désigné le plus souvent par le pronom *on*. 1695, *Corr. gén.*, t. IV, p. 19, 29, 38, 43, 108, etc.

ment avec le Roi et qu'elle n'est pas présente, elle n'admet pas qu'il y ait un entretien qu'elle ignore et elle écrit d'une façon assez aigre à son collaborateur :

« Je ne suis pas fâchée, Monseigneur, que vous ayez des secrets avec le Roi, mais j'aurais appris sans beaucoup de peine ce que vous lui aviez confié. Il est bien juste d'avoir les dégoûts de la faveur quand on en a les honneurs [1]. »

Ces honneurs, il les doit à M^me^ de Maintenon, qui lui avait dit :

« Vous voyez bien mes intentions qui vont à m'unir à vous pour le bien que je pourrai faire à la place où Dieu m'a mise [2]. »

1. 1698, 6 mai. *Correspondance générale,* t. IV, p. 233.

2. 1695, oct. *Correspondance générale,* t. IV, p. 31.

Il ne faut pas que l'archevêque agisse sans elle, sinon elle lui rappellera que la roche Tarpéienne est près du Capitole.

Alors, en effet, qu'il est occupé à poursuivre le quiétisme, Mme de Maintenon apprend à l'archevêque qu'on l'accuse de jansénisme :

« J'allai, écrit-elle, à l'archevêque, hier, à Melun, voir une fille qui a été à Saint-Cyr et qui est présentement fille de la Visitation..... tout de suite elle me tint ce discours : « A propos de nouveautés, on dit que le Roi et vous avez été bien trompés sur Monseigneur l'archevêque de Paris ; il est janséniste et il est le protecteur de tous ceux qui le sont[1]. »

A bon entendeur, salut!

1. 1698, 13 octobre. *Correspondance générale*, t. IV, p. 261.

Pour apprécier à sa juste valeur le propos, imaginé peut-être par Mme de Maintenon, il est bon de rappeler que c'est son confesseur, l'évêque de Chartres, qui était l'auteur de l'accusation dirigée contre l'archevêque.

Mme de Maintenon, on le voit, entend être, en tout lieu, la grande directrice du monde religieux. Elle juge la collaboration de l'évêque de Châlons nécessaire. Elle le fait venir à Paris, après l'avoir assuré, pour forcer son consentement, qu' « il n'aura » aucune brebis ni si zélée, ni si sou- » mise, ni si respectueuse qu'elle[1] ».

Ce qui ne l'empêche pas d'écrire quelques jours plus tard :

1. 1675, 29 août. *Correspondance générale*, t. IV, p. 17.

« Le Roi ne m'a pas encore nommé l'abbé de Charost[1]. »

Et quelques semaines après :

. . . . . . . . . . . . . . .

« On m'a proposé de nommer, pour l'évêché de Montpellier, M. de Beaufort qui est auprès de vous ; je n'ai pas cru que je le dusse faire sans savoir ce qui vous convient[2]. »

M. de Noailles devait, sous peine d'être brisé, consentir à être un simple collaborateur de celle qui entendait jouer son rôle « à la place où Dieu l'avait mise ».

Et ce n'est pas seulement l'autorité temporelle qu'elle entend exercer, mais l'autorité spirituelle, allant jus-

1. 1695, 9 septembre. *Corr. gén.*, t. IV, p. 19.

2. 1695, 19 oct., *Corr. gén.*, t. IV, p. 29.

qu'à contester l'orthodoxie de certains archevêques ou évêques. Et elle ne leur demande plus, comme du reste elle demandait à tout le monde, de prier pour elle, c'est elle maintenant qui prie pour eux.

« Je ne cesse de prier pour vous, Monseigneur », écrit-elle à l'archevêque de Paris [1].

. . . . . . . . . . . . . . . . .

Je prie Dieu, Monseigneur, de vous combler de bénédictions [2].

. . . . . . . . . . . . . . . . .

Je suis obligée par bien des raisons à prier pour vous, Monseigneur, je vais le faire plus que jamais [3]. »

Nous en aurions fini avec ces ex-

1. 1695, 13 déc., *Corr. gén.*, t. IV, p. 43.
2. 1696, 1er janvier, *Corr. gén.*, t. IV, p. 57.
3. 1700, 27 février. *Corr. gén.*, t. IV, p. 318.

traits exclusivement empruntés, nous insistons sur ce point, aux travaux les plus étudiés des admirateurs de Mme de Maintenon, si nous n'avions à mettre sous les yeux de nos lectrices un document d'une importance capitale.

Nous le trouvons dans la *Correspondance générale*, publiée par M. Lavallée. L'authenticité du document est incontestable : l'original n'a pas été détruit. Les anciennes précautions n'étaient plus observées avec la même vigilance, ni recommandées avec la même application. On était tout occupée de son rôle, de soucis multiples, parmi lesquels celui de servir les passions des amis qui pouvaient nous aider à obtenir la déclaration publique d'un mariage toujours tenu secret.

Ce document que passent sous silence, feignant de l'ignorer, les personnes obligeantes qui ont pris à tâche l'apologie de Mme de Maintenon, est relatif au retrait de la révocation de l'édit de Nantes. Il nous semble difficile, après la lecture de cet écrit, de contester l'action capitale exercée par Mme de Maintenon dans les affaires religieuses en général, et en particulier la part qu'elle a prise non seulement à cette révocation, mais à son maintien rigoureux, lorsque, dix ans plus tard, on demanda au Roi, au nom de la patrie et de l'humanité, de revenir sur cet acte ou d'en atténuer tout au moins les conséquences.

Malgré la peine des galères édictée contre les protestants qui cherchaient à fuir, malgré la peine de mort édictée contre ceux qui favorisaient cette fuite, ces Français mis hors la loi, par centaines de mille, avaient franchi par milliers les frontières, portant en Allemagne, en Angleterre, en Suisse, en Hollande, jusqu'en Suède et en Amérique, leur activité, leurs talents, leur génie avec leur juste colère contre la France qu'ils identifiaient, hélas! avec le Roi et M$^{me}$ de Maintenon qui les frappaient.

Ce crime, plus odieux peut-être que celui de la Saint-Barthélemy, avait de plus allumé une guerre nouvelle dans laquelle toute l'Europe se précipitait sur la France.

Vauban, pour atténuer s'il était possible l'un des malheurs les plus grands qui aient frappé la France proposa, dans un mémoire au Roi de faire rentrer les protestants.

Le Roi, « apparemment », dit M. Lavallée, communiqua le mémoire à Mme de Maintenon. Elle prit feu à la vue d'une proposition

« qui lui parut contraire, dit M. Lavallée, au vrai bien de l'Église et de l'État ; et quelqu'éloignée qu'elle voulût être de se mêler des affaires, elle crut devoir s'intéresser à celle-ci, à cause de ses conséquences pour la religion à laquelle elle était prête de tout sacrifier, jusqu'à sa modestie même [1]. »

Elle y sacrifia tout, en effet, et jusqu'à cet amour de la paix pour laquelle elle faisait dire des prières à Saint-Cyr, de cette paix qui, à ses yeux, nous le

1. *Correspondance générale*, t. IV, p. 198. Notes préliminaires.

répétons, devait être l'écrasement des hérétiques.

Voici les passages les plus marquants de son mémoire en réponse à la prière de Vauban [1] :

« Si les choses étaient aujourd'hui au même état que lors de l'édit qui révoqua celui de Nantes, je serais d'avis, sans balancer, qu'il faudrait s'en tenir à cette révocation, se contentant d'abolir l'exercice de la religion réformée, et penser à réunir peu à peu les sujets du Royaume dans la même religion, en excluant, dans les occasions qui se présenteraient, les huguenots des charges et emplois, et s'appliquant avec patience et avec douceur à les convertir en les persuadant de la vérité.

Mais dans la situation où l'on se trouve aujourd'hui, il faut, ce me semble, changer d'idée.....

1. 1697.

Dans la conjoncture présente, cette démarche serait regardée par les pays étrangers, dans le Royaume même, et surtout par les huguenots fugitifs et les huguenots convertis, comme une appréhension causée par la situation des affaires.

Une partie de ceux qui ont passé dans les pays étrangers, affaibliraient l'État plutôt que de le fortifier, par leur retour. Ce sont les plus entêtés et les plus opiniâtres du parti qu'on a vus capables de renoncer à leurs biens, à leur patrie, aux devoirs les plus essentiels et même à leur légitime Souverain plutôt que de plier à ce qu'on exigeait d'eux.....

Enorgueillis par le bon succès de leur opiniâtreté, ils confondraient par leurs reproches et leurs railleries les nouveaux convertis ; c'en serait assez pour faire retomber le petit nombre de ceux qui ont connu la vérité, mais dont la foi n'est pas encore bien affermie, ceux qui sont incertains, et qui avec le temps auraient pu suivre le bon parti seraient fixés à demeurer dans le mauvais, et pour ceux qui sont huguenots dans le cœur, il y aurait moins d'espérance que jamais de leur conversion..... Ils compteraient pour rien le changement que l'on ferait en leur faveur s'il n'était suivi d'un accord qui les remît au même état où ils étaient avant la révocation de l'édit de Nantes.....

Si l'on accordait la liberté de conscience, pourrait-on ôter aux pères et aux mères l'éducation de leurs enfants ? Si on le faisait, ils seraient plus irrités qu'ils ne sont aujourd'hui ; si, comme je crois qu'il serait impossible de l'éviter, on les en laissait maîtres, ce serait perpétuer dans le royaume un corps puissant que la religion tiendrait toujours dans des intérêts contraires au bien de l'État.

..... De plus, par rapport au Roi, j'ai répugnance à un changement tel que serait celui qu'on propose. Quitter ainsi une entreprise qu'il a poussée si hautement, sur laquelle il a permis qu'on lui ait donné tant de louanges, et dans laquelle ses ennemis ont toujours publié qu'il succomberait, il me semble que cela intéresserait sa réputation et serait contraire à la sagesse et à la fermeté ordinaire de ses résolutions.

De toutes ces raisons, il me paraîtrait résulter que le meilleur parti qu'il y aurait à prendre serait, sans donner une nouvelle déclaration et sans révoquer aussi aucune de celles qui ont été données, de continuer, comme on a déjà commencé, à adoucir insensiblement la conduite envers les nouveaux convertis.....

Ne pas faire traîner sur la claie les corps de ceux qui auraient refusé les sacrements à la mort, et ne point faire recherche des effets mis dans le commerce par ceux qui sont hors du royaume.

Pour les attroupements..... j'approuverai les châtiments les plus rigoureux, pourvu..... qu'ils tombent sur les seuls coupables.

Veiller pendant la guerre, autant qu'il se pourra, à l'éducation des enfants ; mais, au retour de la paix, considérer cette affaire comme une des principales de l'État, prendre des mesures suivies et uniformes pour éloigner les jeunes gens de leurs familles, n'épargner ni soins ni argent pour leur trouver hors de chez eux la subsistance nécessaire ; cela, dans tous les temps, demanderait un grand examen pour former un plan général dont il ne faudrait plus se départir. Par cette conduite, on parviendrait à anéantir en France la religion prétendue réformée, et on pourrait la délivrer d'un mal dont elle souffre depuis longtemps.

L'auteur parle de zèle et de fidélité comme si on avait oublié tout ce que l'histoire rapporte de la conduite des huguenots depuis leur origine. N'ont-ils pas fait des guerres sanglantes à nos Rois ?

N'ont-ils pas attiré plusieurs fois des armées étrangères ? De ce règne ici, n'a-t-on pas découvert la suite de leurs mauvaises intentions par un acte secret de leurs synodes, dans un temps où ils espéraient que Cromwell pourrait les appuyer ? Et ne voit-on pas encore aujourd'hui, par les lettres de ceux qui sont fugitifs, combien ils sont portés pour le prince d'Orange et pour les autres princes de leur religion ? L'auteur du même mémoire se trompe aussi quand il attribue la Ligue des princes protestants aux mauvais traitements que les huguenots ont soufferts. Elle me paraîtrait plutôt un effet de leur politique, et une suite de la jalousie et de l'animosité qu'ils ont conçue depuis longtemps contre la France[1]. »

Ce mémoire, qui est un morceau achevé, justifie tous les hommages

1. *Correspondance générale*, t. IV, p. 198 et suivantes.

rendus à la hauteur de vues de Mme de Maintenon. Pour notre part il nous fait horreur.

Ainsi le Roi, circonvenu par Mme de Maintenon, avait signé la révocation de l'édit de Nantes.

Le Roi, sous l'influence de Mme de Maintenon, scella à nouveau cet attentat dont on ne peut avoir l'exacte mesure qu'en faisant le compte des familles émigrées [1], le compte des savants, des hommes d'État, des hommes de guerre dans les veines de qui coule le sang français et que le désespoir a livrés à l'étranger pour accroître sa fortune et sa renommée.

Nous nous abstiendrons de comp-

1. Voir l'enquête des intendants destinée au duc de Bourgogne.

ter ceux qui sont morts sous le sabre des dragons ou aux galères.

On se souvient du mot de Frédéric II à l'ambassadeur de Louis XV. L'ambassadeur lui demandant ce que pourrait faire pour lui être agréable, le Roi de France : « Une seconde révocation de l'Édit de Nantes », aurait répondu Frédéric. Ce mot qu'il ait été dit ou non est la représentation d'un fait certain.

Voici l'édit qui fut publié à la date du 13 décembre 1698 :

« A ces causes, Sa Majesté déclare qu'elle veut et qu'il lui plaît que son édit du mois d'octobre 1685 portant révocation de celui de Nantes et autres faits en conséquence soient exécutés, faisant itérative défense à tous ses sujets de faire aucun exercice de la religion prétendue réformée dans toute l'étendue de son royaume, de s'assembler pour cet effet en aucun lieu, en quelque nombre et sous quelque prétexte que ce puisse être, de recevoir aucun ministre et d'avoir aucun commerce avec eux directement ou indirectement[1]. »

Deux citations encore pour en finir avec ce lamentable sujet.

Mme de Maintenon termine une lettre à Mme de Glapion par ces mots :

« On a défait 1,800 Camisarts ; je demanderai à notre Mère une procession pour remercier Dieu[2]. »

Et elle écrit à Mme du Pérou :

« Ne cessez pas de prier, l'affaire des *fanatiques* n'est pas finie[3]. »

. . . . . . . . . . . . . . . . . . . .

1. *Correspondance générale*, t. IV, p. 240.
2. 1704, 11 avril, *Lettres hist.*, t. II, p. 127.
3. 1704, juin, *Lettres hist.*, t. II, p. 130.

Il ne nous était pas permis de laisser passer plus longtemps sans protestations l'engouement prodigieux auquel nous assistons. Ce n'est pas notre faute si nos citations intentionnellement multipliées ont pris la figure d'un réquisitoire ; nous aurions été moins acerbe et plus bref si nous n'avions eu affaire à des éloges sans mesure, et, qui pis est, sans souci des documents les plus sûrement vérifiés.

Est-ce à dire que nous tenions Mme de Maintenon pour une femme ordinaire, que nous méconnaissions son intelligence subtile et forte, son esprit de suite, la netteté et la justesse de ses vues sur certains objets, comme aussi parfois, dans l'expression de ses idées un abandon et une grâce aisée qui ont leur charme ? Nous ne contestons à Mme de Maintenon aucune de ses qualités ; mais quel miracle que le bien dire chez la petite-fille du compagnon d'Henri IV, chez la contemporaine de Mme de Sévigné ?

Est-il besoin d'affirmer que nous aurions montré moins de susceptibilité s'il s'était agi uniquement d'assigner à Mme de Maintenon un rang parmi les écrivains qui ont prêté leur gloire à ce que l'on appelle le siècle de Louis XIV [1] ? Toute querelle à ce sujet

1. M. Lemonnier, professeur à la Faculté des lettres de Paris et maître de conférences à l'École de Sèvres, fait remarquer que le « nom de siècle de Louis XIV a fini par fausser l'histoire du XVIIe siècle. On a tout fait commencer en France non pas avec le siècle, mais avec le Roi... » (*Revue universitaire*, mars 1893, *Études d'art et d'histoire.*)

nous eût paru insignifiante et nous aurions laissé monter l'encens.

Mais il n'en est pas ainsi : le parti pris qui nous a paru offensant et contraire au respect que tout honnête homme doit à la vérité, c'est de nous présenter comme un guide, et un guide unique, Mme de Maintenon, précédée, accompagnée, suivie de cette ambition qui sut toujours se taire et toujours agir, de cet orgueil qui voudrait s'ignorer et qui perce, de cette dévotion prosternée où tout se rencontre : les désirs mondains les plus persévérants, la passion du MOI ineffaçable, et pour finir, la barbarie.

On n'eût certes pas hasardé cette audace au lendemain de la mort de Louis XIV, à l'heure où Mme de Maintenon courait risque de vie, si elle se fût montrée dans Paris. On ne l'eût pas osé sous la Régence, ni sous Louis XV, ni — qu'on y prenne garde — sous Louis XVI qui, dans son Edit de novembre 1787, réprouve, en termes si expressifs, les violences exercées par son aïeul et fondées « sur de trompeuses apparences de conversion ». Cet auguste témoin, catholique si profondément convaincu, en vaut un autre, sans doute.

Quoi qu'il en soit, jamais nous ne comprendrons que l'on confonde notre société passionnée d'égalité, ce peuple immense qui est aujourd'hui son maître et le nôtre, avec la société faite de contrastes et d'abus, avec la bête épuisée dont la Bruyère, la Rochefoucauld, Vauban, Fénelon et plus tard d'Argenson nous ont légué les traits.

Encore moins comprendrons-nous que des docteurs avisés, faisant, dans l'Université transformée, fonctions d'experts et de juges, aient eu la pensée chimérique d'adapter les maximes, les méthodes, les programmes de Mme de Maintenon à nos lycées, en oubliant ce qu'était Saint-Cyr et ce que sont nos établissements dans la tenue, le sérieux et la diversité de leurs études, oubliant la différence des intentions : là-bas le renoncement, la mort, en toutes lettres ; ici, la vie, la famille, la Patrie, le devoir et l'honneur. Nierait-on qu'il y ait là dedans une part d'idéal assez élevé pour satisfaire toutes les consciences et tous les cultes ?

Nous nous défendons, il est vrai, d'être de ces *dilettantes* moins soucieux au fond de servir nos intérêts que de mériter, par des mixtures et des accommodements hasardeux, les applaudissements de la « bonne compagnie ». Et cela étant dit, que les auteurs de la campagne menée contre la loi sur l'enseignement secondaire des jeunes filles, et les caudataires de M^me^ de Maintenon ont visiblement le même dessein, nous éprouvons une reconnaissance d'autant plus grande pour les hommes de talent et de probité qui ont donné le signal du bon combat.

Nous savons ce que pense M. Vapereau de M^me^ de Maintenon [1].

1. Voir les *Éléments de littératures française* de M. Vapereau et la revue de l'*Enseignement secondaire des jeunes filles*, numéro d'octobre 1891, p. 145 et suivantes.

Il ne déplaira pas non plus à nos lectrices de savoir comment on la juge à l'étranger :

« Mme de Maintenon, dit M. Pergameni[1], bien différente de son aïeul, le bouillant soldat de la Réforme et l'ennemi de toutes les hypocrisies, fut le type accompli de la dévote. Elle en a tous les traits : la prudence incarnée, la froideur de cœur et le fanatisme dissimulé. Énigmatique figure, en somme peu sympathique et dont il serait difficile de pénétrer la réalité. »

Et M. Pergameni nous fait voir Mme de Maintenon

« ne tardant pas à prendre sur le Roi vieilli la plus dangereuse influence, le poussant dans la voie du népotisme, l'ex-

1. Professeur de littérature française à l'Université de Bruxelles, dans ses *Écrivains épistolaires*.

citant contre les protestants et devenant la sombre Égérie de cette cour hypocrite et morose. »

Nous voilà loin de la Maintenon sanctifiée, déifiée que l'on a introduite avec précaution d'abord, puis avec une complaisance sans limites, non seulement parmi les ouvrages de littérature, mais parmi les livres d'histoire destinés à l'enseignement secondaire.

Parmi ces livres, et parmi les meilleurs, il en est, il est vrai, qui dénoncent l'action personnelle et souveraine de M^me^ de Maintenon sur le Roi, qui reconnaissent que le mariage secret et la révocation de l'édit de Nantes ont été concomitants et jugent la Révocation comme elle mérite d'être jugée; mais quand ils énumèrent les personnages qui ont applaudi à cet acte, ils vont jusqu'à citer le bon La Fontaine, en omettant le nom de Mme de Maintenon.

Cette omission n'est-elle pas bizarre; et pourra-t-elle subsister en présence de nos citations ?

Il serait pour le moins inutile de méconnaître que nous nous heurtons non pas à une fantaisie seulement, mais à tout un système dirigé de haut qui a ses tenants considérables et nombreux, lettrés accomplis et par surcroît casuistes d'une telle eau que Pascal les eût admirés.

Faudrait-il donc admettre que de très honnêtes gens, par faiblesse ou pour n'être pas allés suffisamment au fond, viendraient eux aussi en aide au mensonge ?

Comment, par exemple, nous présentent-ils la révocation de l'édit de Nantes comme unanimement réclamée par ceux qui avaient voix aux affaires de l'Etat, sans nous rien dire de l'action merveilleuse du Grand Dauphin, qui, au sein du Conseil où l'on déchirait l'Edit par lequel un Roi glorieux avait mis fin aux guerres de religion, s'éleva, au nom de l'humanité, contre cet attentat et essaya ainsi d'épargner, au grand siècle et à la France, cette honte sanglante ?

L'histoire doit fidèlement enregistrer les faits. C'est son devoir strict parce que, sans cela, elle ne serait plus l'histoire et parce qu'elle doit être un enseignement ; il est des noms, des actes qu'elle désigne à l'admiration, à la reconnaissance ; il en est qu'elle doit vouer à la réprobation, à l'animadversion de la postérité.

Il est des fautes, des crimes qui ont pesé sur la France. Ils ne doivent plus pouvoir se reproduire. Il faut être unanime à les flétrir, unanimes à mettre au ban de l'histoire ceux qui les ont perpétrés.

L'histoire, s'il n'en était ainsi, ne serait plus une école de sentiments généreux, de vertus civiques; elle serait le plus dangereux des enseignements, celui qui dit que la fin justifie les moyens, que le fait accompli couvre les attentats les plus odieux.

La vérité autrefois était plus respectée. Les livres qu'au lycée l'on mettait entre nos mains, l'histoire de M. Duruy, ce libéral qui a été un ministre éminent et qui est un historien illustre, et le *programme d'histoire* de

M. Royé, ce modeste, ce vaillant, qui pendant près de cinquante années, a professé à l'Ecole Sainte-Barbe, qui fait, aujourd'hui encore, aux jeunes filles, un cours d'histoire, nous ont dit l'influence qu'avait exercée sur le Roi M^me^ de Maintenon, le rôle notamment qu'elle avait joué dans ce drame de 1685.

Quant aux ouvrages de littérature, ils passaient M^me^ de Maintenon sous silence.

Aujourd'hui, elle a sa place marquée dans nos ouvrages de chevet. Ses œuvres sont l'objet d'*extraits,* avec préface apologétique, que l'on met entre les mains des jeunes filles.

Le Conseil supérieur qui prend soin de désigner les auteurs recommandés : Corneille, Molière, Racine, La Fontaine, Boileau, Mme de Sévigné, La Bruyère, Bossuet, Fénelon, Bourdaloue, Massillon, mentionne également l'*Éducation des Filles*, « non comme un modèle à suivre », ainsi que le remarque M. Vapereau, mais « comme un type à étudier ». C'est, à n'en pas douter, dans la même intention que le Conseil supérieur nous a donné *Télémaque*, le *Dialogue des morts* de Fénelon, les *Oraisons funèbres*, même l'*Histoire universelle* de Bossuet.

Le Conseil supérieur avait fait, dans sa première pensée, à Bossuet et à Fénelon la place qui leur revenait de droit, mais sans les mettre en évidence. Tout cela est changé, modifié, amendé. Bossuet prend la tête non pas seulement comme orateur, penseur et polémiste, mais comme éducateur ; le programme de Saint-Cyr et la *Politique tirée de l'Écriture Sainte* deviennent notre programme. M. de Fontanes lui-même et ses conseillers de 1808 doivent en éprouver quelque suprise.

Cependant le Conseil supérieur n'avait pas compris Mme de Maintenon dans la liste des auteurs destinés aux lycées de jeunes filles. Ce qui n'a pas empêché, nous ne savons quelle autorité, de lui donner entrée dans ces établissements pour tirer de ses œuvres des sujets de leçons et de compositions. Professeurs et élèves puiseraient là leurs inspirations

Ce n'est pas tout ; Mme de Maintenon s'est assise parmi les auteurs de l'*agrégation* et du *certificat*, pour s'adresser non plus aux élèves, mais aux jeunes filles qui se destinent au professorat avec l'espoir que demain elles rediront l'éloge de la grande méconnue.

Il est vrai que, pour ce qui est de l'agrégation, Mme de Maintenon n'a fait qu'apparaître ; on a craint peut-être de n'avoir pas pris suffisamment conseil de sa prudence.

Mais il n'en a pas été de même pour le certificat. Mme de Maintenon s'est glissée dans cette épreuve et elle y reste par droit de conquête, car, tandis que les auteurs varient tous les ans, elle seule, ou presque seule, est immuable. La liste mise à l'étude pour 1893 comprend onze auteurs dont cinq qui n'ont jamais figuré sur aucune des listes ; Mme de Sévigné a été sacrifiée, mais on a maintenu Mme de Maintenon [1].

1. Mme de Maintenon figure encore parmi les auteurs mis à l'étude pour 1894. Il ne reste

Ne doit-on pas craindre, en rassemblant tous les indices que nous avons énumérés, qu'il n'y ait dans le mouvement qui se continue autre chose qu'une affaire de librairie, autre chose qu'une affaire de goût délicat exempte de toute arrière-pensée ?

Allons-nous à l'avenir ou retournons-nous au passé ? Assurément nous ne sommes pas de ceux qui se cantonnent dans le présent en faisant profession d'ingratitude pour cet « autrefois » qui contient tant de nobles efforts dont nous avons hérité. Mais aussi nous sommes convaincu que s'il nous appartient d'associer nos enfants aux hommages que nous devons au désinté-

plus aujourd'hui de la liste arrêtée, pour la première fois, en 1884 que « Madame de Maintenon, édition Gréard » et « Racine ».

ressement, au génie, à la probité, à l'héroïsme sous quelque régime qu'ils aient fait leurs preuves, il nous appartient également de les détourner de certaines images proposées à leur culte et qui en sont indignes. Nous sommes convaincu que tous les dons de l'esprit fussent-ils portés à leur degré le plus éminent ne compensent pas l'indignité du caractère. Nous sommes convaincu enfin que c'est un spectacle inquiétant que toute cette floraison de palmes décernées à Mme de Maintenon, et, en même temps, tous ces artifices dépensés contre une loi dont l'irréparable défaut est de déplaire à un parti qui dispose en tout lieu de serviteurs nombreux.

Aussi est-ce en vain que tout en

réprouvant ces tendances, on cherche à les expliquer en disant qu'elles sont inspirées par la pensée d'attirer dans nos lycées une partie de la clientèle des couvents.

Aucune raison ne saurait prévaloir contre l'esprit de la loi ; et la direction que quelques-uns tendent à imprimer à l'enseignement secondaire des jeunes filles est contraire à tout ce qu'ont voulu et espéré les Chambres qui ont voté la loi du 21 décembre 1880.

En fait, le caractère que l'on cherche à donner à notre enseignement est de nature à éloigner certaines jeunes filles de nos lycées; et il ne saurait leur en conquérir de nouvelles. Il n'y a pas à compter sur les recrues à faire dans les couvents ; si nous exceptons les jeunes filles que l'on y a mises, faute d'établissements laïques, et qui viennent à nous toutes les fois que l'on ouvre un lycée avec internat, la clientèle du couvent restera ce qu'elle est. Elle est irréductible à moins que les familles qui se rattachent à l'ancien régime par les liens les plus respectables, en présence de l'envahissement des couvents par une noblesse nouvelle, plus rigide, plus intransigeante, plus inflexible sur les principes que l'ancienne, ne viennent à nous et fassent asseoir leurs enfants à côté de jeunes filles appartenant au monde des lettres, des sciences, des arts, du commerce, de l'industrie, etc., dont les parents ont su rester fidèles à la Révolution française qui leur a permis de prendre dans la société la place qu'ils occupent.

Ce serait le moyen de s'assurer que

notre enseignement est une œuvre de réconciliation nationale ; essentiellement respectueux de la liberté de conscience, il évite avec un soin scrupuleux, dans les classes, tout ce qui peut être de nature à froisser les croyances ou les opinions personnelles, et fait, « en dehors des heures de classes »[1], la part de l'enseignement religieux.

On pourrait en même temps se convaincre des qualités du personnel enseignant et dirigeant. On verrait que les professeurs-femmes, pour la plupart, sont des plus distinguées ; que les directrices, en général, déploient dans leurs délicates fonctions beaucoup d'habileté et de tact ; que

1. Loi du 21 décembre 1880, art. 4 et 5.

plusieurs d'entre elles sont des femmes remarquables qui ont fait souvent le succès du lycée qui leur est confié. Elles ont, en effet, grâce à certains recteurs, qui ont su rendre hommage à leur mérite, en leur laissant une initiative, une liberté d'action très grandes, fait accepter et souvent fait aimer cet enseignement contre lequel se dressaient de ridicules préjugés. C'est dans cette pensée qu'elles placent la distribution des prix sous le patronage d'un sénateur, d'un député, du recteur, du président ou du procureur général de la Cour, du préfet, etc., et que ce jour elles ouvrent toutes grandes les portes du lycée non seulement aux parents, mais aux notabilités de la ville qui parfois, venues par politesse la première fois, sont revenues les années suivantes avec empressement pour donner à l'œuvre et à son personnel un témoignage de sympathie et de dévouement.

C'est encore dans cette pensée que certaines directrices, se souvenant de ce qu'elles ont vu pratiquer à l'école de Sèvres, sous les auspices de M^me^ Jules Favre, qui porte avec tant de dignité ce nom illustre, ont organisé une association amicale des anciennes élèves ; les mères parfois sont venues se grouper autour de leurs filles et ont ainsi formé avec elles comme la grande famille du lycée.

Nous entendons bien que ce lycée n'a rien de commun avec le sublime couvent de M^me^ de Maintenon, quelque peine que l'on prenne, quelque talent que l'on déploie pour créer une légende et imaginer de toutes pièces un Saint-Cyr nécessaire aux besoins d'une cause. Mais ce lycée est celui qu'a créé le législateur.

Les Chambres, nous le répétons en terminant, — puisqu'aussi bien c'est à elles qu'appartient le dernier mot, — dans l'intérêt de la femme, comme dans celui de la paix du ménage et de la patrie, ont voulu rendre la femme à elle-même, lui permettre d'occuper dignement sa place entre son mari et ses enfants. Elles ont voulu faire une loi de relèvement, relèvement de la femme, relèvement de la famille, relèvement de la patrie, une loi de pacification, d'union, de concorde, respectueuse de toutes les croyances, de toutes les opinions, assurant à la femme un enseignement puissant, libéral, élevé et pratique.

Voilà la loi ; et, il n'est permis à personne de substituer sa volonté à celle du législateur ; volonté que nous exprimons par cette formule que nous voudrions voir inscrite au frontispice de tous nos lycées :

ICI
ON RESPECTE LA LIBERTÉ DE CONSCIENCE
ON PRÉPARE DE BONNES ÉPOUSES
DE BONNES MÈRES
DE BONNES MAITRESSES DE MAISON.

FIN.

VERSAILLES

IMPRIMERIE CERF ET Cie

59, RUE DUPLESSIS, 59

www.ingramcontent.com/pod-product-compliance
Ingram Content Group UK Ltd.
Pitfield, Milton Keynes, MK11 3LW, UK
UKHW021136260726
13994UKWH00001B/158

9 782329 382050